文案写作与活动策划

理念、技巧、方法与实战

李改霞 等 ◎ 编著

清华大学出版社
北　京

本书封面贴有清华大学出版社防伪标签，无标签者不得销售。

版权所有，侵权必究。举报：010-62782989，beiqinquan@tup.tsinghua.edu.cn。

图书在版编目(CIP)数据

文案写作与活动策划：理念、技巧、方法与实战 / 李改霞等编著. — 北京：清华大学出版社，2017（2023.1重印）
ISBN 978-7-302-46803-5

Ⅰ. ①文… Ⅱ. ①李… Ⅲ. ①汉语—应用文—写作②活动—组织管理学 Ⅳ. ①H152.3②C936

中国版本图书馆 CIP 数据核字(2017)第 052716 号

责任编辑：张立红
封面设计：邱晓俐
版式设计：方加青
责任校对：李跃娜
责任印制：朱雨萌

出版发行：清华大学出版社
    网　　址：http://www.tup.com.cn，http://www.wqbook.com
    地　　址：北京清华大学学研大厦 A 座　　邮　编：100084
    社 总 机：010-83470000　　邮　购：010-62786544
    投稿与读者服务：010-62776969，c-service@tup.tsinghua.edu.cn
    质 量 反 馈：010-62772015，zhiliang@tup.tsinghua.edu.cn
印 装 者：三河市天利华印刷装订有限公司
经　　销：全国新华书店
开　　本：170mm×240mm　　印　张：15　　字　数：237 千字
版　　次：2017 年 12 月第 1 版　　印　次：2023 年 1 月第 9 次印刷
定　　价：59.00 元

产品编号：073270-01

互联网时代,信息的传播迅速又便捷,企业或组织越来越倾向于通过举办相关活动来扩大自身的影响力和知名度,这对文案写作人员和活动策划人员的需求越来越迫切。

好的文案能够直接在消费者心中留下深刻的印象,获得超高的关注度和影响力,帮助企业或组织树立良好的形象和品牌。加多宝因为广告做得好,成功打开了全国市场,获得凉茶界龙头的地位;蒙牛、伊利等奶制品同样因为产品的宣传工作做得到位,成为中国奶制品行业中的佼佼者。所以说,企业的发展与成功离不开宣传,离不开文案写作人员精彩的文案和活动策划人员成功的策划。

大多数企业和组织早已经意识到了宣传工作的重要性,也加大了对文案写作人员和活动策划人员的重视,但是,从业人员的素质和能力还是有待提高。

文案写作缺乏实用性、对产品理解不到位、产品的市场定位不清晰等多种问题导致消费者对产品宣传文案缺乏兴趣,企业的宣传工作不到位,更谈不上塑造品牌形象和提升企业知名度了。

活动策划的目的性不强、活动类型意识不到位,这些都会使策划人员在策划过程中出现各种失误,让活动在实际执行中困难重重,达不到活动策划的最终目的。

本书的写作目的就是解决读者的上述困惑,书中有大量的案例和方法供大家学习,期望大家在阅读本书后都能有所收获。

本书特色

1. 内容全面、详略得当

本书分为实用文案撰写和活动策划详解两个部分，分别从文案写作和活动策划两个方面进行系统的讲解，内容层层递进，分析全面。本书舍弃了很多没有实际应用意义的内容，重点讲解了如何撰写实用文案和进行活动策划的知识，内容详略得当，更具实用性。

2. 采用大量图表分析，易于理解

本书通过大量的事例样本、图表分析，便于让读者全面了解文案写作和活动策划的精髓。为了使本书更具实用性、易于理解，书中用大量的图表帮读者厘清所讲内容的逻辑关系。另外，对于抽象的专业术语、行业名词，本书都有具体的图表或案例进行说明。

3. 实用性强，对文案人员和策划人员有借鉴意义

本书运用了大量实际案例来讲述如何撰写实用文案和进行活动策划，而且对案例进行了深入的分析和总结，以便读者能够花费最少的精力，掌握文案写作和活动策划的精髓。

本书内容及体系结构

第1章　文案策划大揭秘

本章为大家介绍文案策划的本质和文案策划中的两大利器以及文案中创意的获取、目的和方法的相关内容，并且以网络红人papi酱为例，生动形象地向大家介绍其品牌策划的实际操作过程。

第2章　文案写作的产品/用户思维

本章主要从写文案前的数据分析、目标用户分析和竞争对手文案分析三方面讲解，向大家展示产品/用户思维在文案写作中的重要作用。

第3章　文案写作技巧详解

本章对文案写作的技巧进行分析，主要从如何让文案标题更有吸引力、如何让人看得懂和如何从用户角度表达产品定位三方面进行讲解。

第4章　几种常见文案类型实战方法

本章主要讲解了几种常见文案的实战方法，主要包括电商文案的实战方

法、宣传册文案的实战方法、公关文案的实战方法和软文文案的实战方法。每种文案的实战方法都通过生动的案例进行了细致、全面的讲解。

第5章　品牌营销活动策划

从本章开始，进入活动策划相关内容的讲解，本章主要是以品牌营销活动策划为主，向大家详细地介绍这一方面的知识和技巧。企业在宣传活动中，品牌营销活动占了很大的分量。通过开展相关活动来提升产品的知名度，打造企业的品牌形象是活动策划的最终目的。所以，本章着重讲解了如何进行品牌营销活动的策划知识，帮助大家真正掌握其中的知识和技能。

第6章—第9章　各类活动策划的精髓

从第6章开始到第9章结束，这四个章节分别对商会活动、文化娱乐活动、会议论坛活动以及培训活动等各类活动的策划知识做了详细的讲解，其中穿插了许多生动、形象的案例，帮助大家更好地理解和掌握。

本书读者对象

- 文案写作人员、活动策划人员
- 市场营销人员
- 企业管理人员
- 会展策划、企业管理等专业的本科生和研究生
- 希望从事文案写作或活动策划的有志之士

本书由李改霞组织编写，同时参与编写的还有张友，在此一并表示感谢！

第一部分　实用文案撰写

第1章　文案策划大揭秘　003

1.1　策划的本质是营销　004
- 1.1.1　IMC理论（整合营销传播）　004
- 1.1.2　USP理论（独特的销售主张）　006
- 1.1.3　四大经典理论：4P、4C、4R、4I　008
- 1.1.4　DNA核心价值论　012

1.2　文笔好不一定是好策划　013
- 1.2.1　文字表达精准是基础　014
- 1.2.2　知识储备要深厚　015
- 1.2.3　善于整体统筹规划　016

1.3　策划人的两大利器　019
- 1.3.1　指向：针对目标群体　019
- 1.3.2　速度：像老虎一样猛和狠　022

1.4　创意不可能一蹴而就　024
- 1.4.1　灵感要经得起时间的考验　024
- 1.4.2　创意来源：调研、阅读、思考和观察　026
- 1.4.3　自媒体人罗振宇超会玩：一个创意拍出2200万元　028

1.5 文案策划的金字塔论 — 029
1.5.1 金字塔顶端：目标 — 030
1.5.2 位于金字塔下层的是渠道、方法和角度 — 032
1.5.3 全球顶尖创意分享平台——TOPYS — 033
1.6 2016年"第一网红"papi酱品牌策划 — 034
1.6.1 papi酱玩转内容创业 — 035
1.6.2 解密papi酱文案的写作技巧 — 037

第2章 文案写作中的产品/用户思维 — 040
2.1 写文案前如何进行数据分析 — 041
2.1.1 市场需求研究 — 041
2.1.2 巧妙利用产品价格 — 043
2.2 目标用户分析 — 045
2.2.1 用户行为调查 — 045
2.2.2 聆听用户的内心诉求 — 047
2.2.3 "发烧友"的世界你要懂 — 051
2.3 竞争对手文案分析 — 054
2.3.1 找准攻击性方向 — 054
2.3.2 对比竞争，让弱势变强势 — 058

第3章 文案写作技巧详解 — 062
3.1 如何让文案标题更有吸引力 — 063
3.1.1 文案标题的4种功能 — 063
3.1.2 衡量文案标题的4个维度 — 065
3.1.3 9种经典文案标题写作手法 — 068
3.1.4 如何对文案标题进行试错 — 071

3.2 文案要让人看得懂　　072
3.2.1 为什么你的文案不错，就是不卖货　　073
3.2.2 如何写出逻辑清晰的文案　　074
3.2.3 用金字塔图梳理文案素材　　076
3.3 从用户角度表达产品定位　　078
3.3.1 功能性定位　　079
3.3.2 品类性定位　　081
3.3.3 差异化定位　　084
3.3.4 亚马逊的产品定位转变策略　　085

第4章 几种常见文案类型实战方法　　088
4.1 电商文案　　089
4.1.1 如何写电商文案标题与开场　　089
4.1.2 如何创作有说服力的电商文案内容　　091
4.1.3 如何写让消费者有购买欲的电商文案结尾　　092
4.2 宣传册文案　　093
4.2.1 企业宣传画册四大类型　　093
4.2.2 撰写宣传册文案五大注意事项　　094
4.3 公关文案　　096
4.3.1 竞争对手交锋公关文案：网易云音乐VS QQ音乐　　096
4.3.2 危机公关文案：罗辑思维以真诚道歉化解危机　　097
4.4 软文文案　　098
4.4.1 软文内文撰写八部曲　　099
4.4.2 搜狐自媒体10万+软文实操案例　　101
4.4.3 看顾爷如何造就神级软文　　103
4.4.4 行动派DreamList靠软文突破粉丝增长瓶颈　　104

第二部分　活动策划详解

第5章　品牌营销活动策划　109

5.1　"QMS5"方法论　110
- 5.1.1　五大问题找出产品痛点　110
- 5.1.2　5米之外产品脱颖而出　112
- 5.1.3　5秒之内锁定用户购买　114
- 5.1.4　LKK洛可可的品牌营销活动　115

5.2　新品推广活动策划　117
- 5.2.1　如何开一个成功的新品发布会　117
- 5.2.2　聚焦日立公司"机器人服务生"发布会　118

5.3　产品促销活动策划　120
- 5.3.1　巧用打折+赠品的利益诱惑　120
- 5.3.2　周末节假日是最佳促销时机　122
- 5.3.3　唯品会模式："正品+折扣+闪购"　123

5.4　品牌形象树立活动策划　125
- 5.4.1　赞助相关活动是绝招　125
- 5.4.2　行业十大品牌评选活动策划　127
- 5.4.3　"第一奶粉品牌"美赞臣热心公益活动获赞赏　129

5.5　客户回馈活动策划　131
- 5.5.1　忠实粉丝需要诚心维护　131
- 5.5.2　东风日产13周年感恩大回馈活动　133
- 5.5.3　罗辑思维"轻众筹"回馈会员　135

第6章　商会活动策划　137

6.1　首先明确目的，过程围绕焦点　138
- 6.1.1　商会成立大会活动策划　138

- 6.1.2 商会交流活动策划 ... 139
- 6.1.3 商会庆典活动策划 ... 140
- 6.1.4 商会外出活动策划方案 ... 142
- 6.1.5 参考模板：互联网金融协会助力普惠金融 ... 143

6.2 活动主题设计要引人注目 ... 144
- 6.2.1 主题要让参与者都感兴趣 ... 144
- 6.2.2 选择场所要切合活动主题 ... 146
- 6.2.3 让参与者听到行业最真实的声音 ... 146
- 6.2.4 "MIIC2016移动互联网创新大会"活动策划 ... 148

6.3 与会嘉宾要有代表性 ... 149
- 6.3.1 涉及行业不同领域 ... 149
- 6.3.2 优势各有侧重 ... 150

6.4 呈现形式需要打动人心 ... 151
- 6.4.1 主题演讲识好汉 ... 152
- 6.4.2 高峰对话辩英雄 ... 152
- 6.4.3 参考模板：2016年江苏互联网大会形式多样，玩嗨现场 ... 153

6.5 议程设置调动每个参会者的积极性 ... 155
- 6.5.1 制造话题要兼顾各方 ... 155
- 6.5.2 让互动环节成为高潮 ... 156
- 6.5.3 第二届世界微商大会——魔库免费送伞引关注 ... 157

6.6 在活动中提升商会凝聚力 ... 158
- 6.6.1 要学会说"情话" ... 158
- 6.6.2 最有凝聚力的商会——大连徽商商会 ... 160

第7章 文化娱乐活动策划 ... 161

7.1 阿里巴巴2016年"双十一"活动策划 ... 162
- 7.1.1 无线化：多屏互动，流畅穿越体验 ... 162

7.1.2 平台化：多商家合作，解放生产力   164
7.1.3 全球化：跨境试点，批量清关   165
7.1.4 娱乐化：电商与晚会的跨界营销   166

7.2 历史文化活动策划   167
7.2.1 活动背景是关键   168
7.2.2 策划经典案例：金泉钱币——《中国大历史》   169

7.3 会展策划   171
7.3.1 展示体验为主，宣传产品为辅   171
7.3.2 设计基调要统一   173
7.3.3 张国荣60周年诞辰主题展系列活动   174

7.4 吴晓波书友会活动策划   175
7.4.1 主线：线上结识，线下聚会   176
7.4.2 书友会最受欢迎的形式：深度阅读   177
7.4.3 向咖啡馆发起征集令   178

第8章 会议论坛活动策划   180

8.1 座谈会策划   181
8.1.1 点石成金的主持人   181
8.1.2 受访者之间具有刺激作用   184
8.1.3 看成都中级人民法院知名酒企座谈会是如何策划出来的   185

8.2 报告会策划   187
8.2.1 联系报告人做好前期准备   187
8.2.2 通过奖项评选或者插入小游戏的形式来活跃气氛   188
8.2.3 长沙举办残疾人励志报告会   190

8.3 年终总结会策划   191
8.3.1 奥克斯"三讲"——讲依据、讲对比、讲承诺   191
8.3.2 奥克斯的年终表彰大会策划   193

8.4 商业论坛活动策划 194
    8.4.1 邀请重量级嘉宾提高关注度 194
    8.4.2 邀请强势媒体参与增强口碑传播 196
    8.4.3 2016年"智能物流，城市共同配送体"高峰论坛策划 197

8.5 "2016中国互联网大会"：聚焦中国互联网战略 198
    8.5.1 论坛+展览+配套活动 199
    8.5.2 听"德国互联网之父"谈"德国工业4.0"和"中国制造2025"的合作计划 200

第9章 培训活动策划 202

9.1 公开课培训策划 203
    9.1.1 针对现实问题设立培训课程 203
    9.1.2 "重技巧，轻内容"的误区 204
    9.1.3 "国民老公"王思聪力挺WCA电竞高校公开课 206

9.2 企业内训策划 208
    9.2.1 培训需求分析 208
    9.2.2 量化培训目标 211
    9.2.3 针对员工的个性化设计 212
    9.2.4 腾讯学院——企鹅帝国的培训策略 214

9.3 直播项目超级培训策划 217
    9.3.1 人⟷内容到人⟷人 218
    9.3.2 将网红个人影响力IP化 219
    9.3.3 电竞粉丝经济有待挖掘 221

9.4 自媒体运营培训策划 223
    9.4.1 一大中心：精品内容 223
    9.4.2 两大渠道：微博+微信 224

第一部分
实用文案撰写

"正宗好凉茶,正宗好声音""全国销量领先的红罐凉茶,现在改名加多宝,还是原来的配方,还是原来的味道,怕上火喝加多宝。"加多宝的广告语在电视上一出,迅速火遍大江南北,在全国范围内引起了广泛的关注。凉茶成为人们预防上火的健康饮品,其销量更是迅速攀升,正如其另一则广告文案中写的"中国每卖出10罐凉茶,7罐是加多宝",更是体现了其在市场上的领先地位。

这就是一则典型的实用文案。一般来说,文案的撰写并不难,但是写出一则符合产品特点、能够让产品销量获得大幅度提升的文案还是难上加难的。加多宝的广告文案就促进了产品销量的提升,帮助产品成功打开了市场,同时使品牌和企业的知名度和美誉度有了一个质的飞跃,获得了消费者的认可和青睐。

通常,一则好的文案可以将广告主题明确地表达出来,同时也能直击消费者的内心,与他们产生心灵的共鸣,从而达成销售的目的,而且能够对企业形象的树立和品牌宣传起到画龙点睛的作用。所以,许多公司都非常重视文案的撰写,通过招聘专门的人才来撰写精彩的文案,来表达企业文化的内涵,从而获得消费者的青睐。

本书的第一部分就为大家讲解如何撰写实用文案,从文案策划大揭秘、文案写作中的产品/用户思维、文案写作技巧详解、几种常见文案类型实战方法四个章节来帮助大家掌握撰写实用文案的相关知识和技能。希望大家通过这一部分的学习,写出与加多宝文案一样的实用文案。

第1章 文案策划大揭秘

文案策划,细分为文案和策划两种。文案多指以语言的形式进行广告信息内容表现的形式,即广告的文字创意部分,包括广告的标题、正文、口号和对广告形象的选择。策划是广告系统中的根基与框架,策划涉及前期市场调查、分析、提炼等一系列繁多复杂的工序,并决定了后续平面、文案的创作方向。文案策划在产品的营销推广阶段占有重要地位,本章就带大家一起揭秘文案策划。

1.1 策划的本质是营销

细究策划的本质，其实就是营销。产品策划就是为了达成营销目标，而产品营销就需要策划相关的产品卖点，借此打动消费者。下面大家来学习几种营销的经典理论，为策划打下重要的理论基础。

1.1.1 IMC[①]理论（整合营销传播）

2016年8月，第三届麦当劳"为爱麦跑"活动在北京园博园开跑，随后相继在上海、广州、深圳等19个城市展开，用快乐运动的形式支持"麦当劳叔叔之家"慈善项目，该项目为异地就医的家庭免费提供住宿场所，免去他们的住宿顾虑。

麦当劳作为全球规模最大的快餐连锁集团之一，自1990年来到中国，短短数年就已在北京、上海等一线城市及二线城市开设了2000多家餐厅，在中国的餐饮业市场占有非常重要的地位。

虽然现今麦当劳的实力和发展让人瞩目，但是很多人都不了解麦当劳在2002年曾一度面临困境。市场占有率受到挑战，扩张战略受阻，投资战略、公司管理等各个方面都面临风险。各种因素导致麦当劳股价大跌，曾一度出现亏损状况。

幸运的是，在2002年初，麦当劳新的全球首席营销官拉里·莱特（Larry Light）上任。她亲自策划了一系列的产品整合营销传播方案——麦当劳品牌更新计划，推出新产品，与"动感地带"（M-Zone）达成合作，并签约篮球

---

① IMC，即Integrated Marketing Communication。

明星姚明为形象代言人,还赞助了全球瞩目的北京奥运会。

这一系列的整合营销,让麦当劳成功实现了华丽转身,产品的销售额剧增,企业形象好转,知名度更是上了一个台阶,公司的股价也大幅上涨。

整合营销传播是指将包含产品广告、事件营销、产品包装的所有信息传达给消费者,以有利于品牌的形式呈现的一种传播方式。它要求每条信息都与产品的宣传整体相互呼应并且相互融合,借此来达到向消费者传达关于产品品牌信息的目的。

按照层次划分,整合营销传播理论分为七个层次,如图1-1所示。

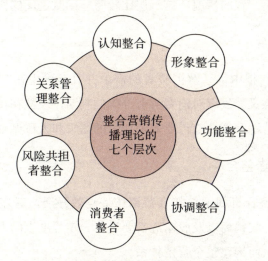

图1-1　整合营销传播理论的七个层次

1. 认知整合

认知整合要求营销人员对营销传播有正确的认识。这是实现整合营销传播的第一个层次。

2. 形象整合

形象整合是整合营销传播的第二个层次,它涉及信息与媒体一致性的决策问题。其中,一方面是指广告的文字与其他视觉要素之间要达成一致,另一方面是指在不同媒体上要投放相同内容的广告。

3. 功能整合

功能整合要求营销人员根据产品的功能制订出不同的营销传播方案，对每个营销传播要素的优势、劣势进行细致的分析，最终对整个营销过程做一个功能的整合。

4. 协调整合

它要求营销人员的产品营销和其他营销方式相一致，在产品营销过程中不能够出现内容不一致的情况。这一层比较考验团队之间的协调性。

5. 消费者整合

在整合营销传播中，了解消费者的需求并且准确地在产品的营销中定位具有十分重要的意义。只有对消费者有准确的判断，才能在接下来的营销中找准方向，所以在营销策划之前，要对消费者的需求和人群做全面的整合。

6. 风险共担者整合

风险共担者整合有利于使整合营销传播高效开展，对在产品营销过程中的员工、供应商、经销商以及股东等都要进行一定程度上的人员统筹，在他们之间建立联系，从而构建整个营销体系。

7. 关系管理整合

关系管理整合是整合营销传播中的最高层次。关系管理整合就是要对各种关系单位进行有效传播，对公司发展的战略，包括营销战略、工程战略、会计战略等都要进行关系整合。换句话说，就是公司要对自身的内部资源和外部资源都进行整合，以达到产品整合营销传播的最佳效果。

1.1.2　USP理论（独特的销售主张）

"今年过节不收礼，收礼还收脑白金"的广告语想必大家都不陌生，前几年，只要打开电视机，就能看到这条独具特色的广告。依靠这条让人记忆深刻的广告，脑白金成功进入中国礼品市场，并成为中国礼品市场的代表。

其实，脑白金作为主打改善"睡眠"的单一品种保健品，在很短的时间内迅速进入市场，成功发展为我国保健品行业的佼佼者，其成功的最主要原因就在于找到了产品的独特卖点——产品即礼品。

在当今中国，逢年过节送礼、结婚送礼、年轻人给长辈送礼等现象十分普遍，这是我国注重礼仪文化的体现，所以说我国的礼品市场十分巨大。而脑白金的成功，关键就在于定位精准。在市场潜力巨大的礼品市场，脑白金第一个把产品明确定位为"礼品"——以礼品定位引领消费潮流。

上面的案例就是USP（Unique Selling Proposition）理论的典型应用。USP即独特的销售主张，核心是挖掘产品功效中的特质，从而提出其他竞争对手不能或不会提出的销售主张，让产品具有差异化的特性。简单地说，USP理论就是给产品一个卖点或恰当的定位。

该理论是由美国Ted Bates广告公司董事长罗瑟·瑞夫斯（Rosser Reeves）在20世纪50年代首创的，他很早就意识到一则优秀的广告必须获得消费者的认同。他认为USP是消费者从广告中得到的东西，而不是广告人员硬性赋予广告的东西。

USP理论主要包括三个方面，下面就为大家简单地介绍一下。

（1）USP理论要求每一个广告不能仅靠文字或图像，它必须向消费者提出某种主张，即购买本产品将得到明确的利益，要向消费者说："买下这个产品，你将会获得如此这般的好处。"

（2）在广告中所提的主张必须是该品牌独具的，具有独特之处，所以，要求这条主张是竞争对手不能提出或不曾提出的；在品牌和说辞方面强调独一无二、人无我有的唯一性。

（3）在广告中所提的主张必须对广大消费者产生足够的吸引力，让消费者产生兴趣，这样才能够为你的产品带来用户。所以该主张必须是强而有力的，就像射击中的箭矢一样。

一些知名品牌所做的广告之所以效果十分显著，是因为这些广告运用了USP理论，找到了产品独特的销售主张，如帮宝适纸尿裤的广告语："给你的宝宝一个你孩提时代不曾拥有的东西，一个清爽的屁股。"富康轿车的广告文案:"座椅30万次耐久性试验、288小时整车暴晒考验、50000次车门开启耐久性试验、4000公里轮侧冲击试验、3800多个焊点逐一撕裂试验。"

这两则广告都运用了USP理论,坚持以市场为导向,把注意力放在满足客户需求上,将优越的价值传递给客户,根据自身产品的特点量身打造广告内容,为自己的目标客户送上独特的产品体验。

所以,在文案创作中,熟练掌握和运用USP理论是非常有帮助的,希望大家认真学习这一理论。

1.1.3 四大经典理论:4P、4C、4R、4I

在营销学发展史上有四大经典营销策略组合理论,它们分别是4P、4C、4R、4I理论,下面为大家分别介绍一下这四大理论的具体内容。

1. 4P理论

4P理论最早于20世纪60年代由杰瑞·麦卡锡(Jerry McCarthy)教授在其著作《营销学》中提出。它是指市场营销组合中产品(Product)、价格(Price)、通路(Place)和促销(Promotion)四个方面的知识,如图1-2所示。

图1-2 4P理论

巧克力中的经典——德芙,就是运用了经典的4P理论,占据了巧克力市场的大片江山。下面就以德芙为例,详细地为大家介绍一下4P理论在德芙中的运用。

(1)产品(Product)

在产品上,德芙不断丰富产品的服务内容:将产品进行细分,推出草莓口味巧克力、纯黑巧克力、夹心黑巧克力等八款经典口味；它的那条"低热量，更健康"的广告语给消费者留下了深刻的印象。产品包装更加精致，在视觉上让顾客感到产品的品质更好，格调更高。

（2）价格（Price）

在价格上，德芙结合目标人群，使用高低价来吸引消费者：一方面，对巧克力目标人群的心理进行调查研究，根据研究的结果分为成本取向定价法、需求取向定价法和竞争取向定价法三种策略；另一方面，根据巧克力目标人群对中低档价位的巧克力需求大的市场情况，采取统一的成本定价法。

（3）通路（Place）

通路即渠道，在产品的渠道方面，德芙搭建了完善的营销渠道体系。利用区域销售、代理营销、网上销售等分销渠道，最大限度提升销售量。

（4）促销（Promotion）

在产品的促销上，德芙进行了全方位的促销及业务推广：拍摄各种形式的广告，对销售人员进行专业培训，推出抽奖、促销包装，利用各种机会进行企业宣传。这些很大程度上促进了德芙巧克力业务的推广。

从上面的案例中可以得出，4P理论的出发点本质上是以企业为中心来讲企业经营者要生产的产品、期望获得的利润和制定相应产品价格以及如何来传播产品的卖点和开展促销活动，并选择以怎样的路径来销售。

它告诉企业经营者要尽全力满足顾客的需求，实现经营目标，而不能孤立地考虑某一因素和手段。要想获得企业经营的成功，就必须从目标市场需求和市场营销环境的特点出发，根据企业的优势和资源，综合运用各种市场营销手段，以此形成统一、配套的市场营销战略，充分发挥整体效应。

4P理论的提出，为企业的营销策划提供了一个有用的框架。它阐述了市场营销过程中可以控制的因素，站在企业的立场，重视产品导向，形成了企业的市场营销战略。它的最大优势就在于把营销简化并便于记忆和传播。

2. 4C理论

在20世纪90年代，随着消费者个性化日益突出，加之媒体进一步分化和信息的大量传播，传统的4P理论逐渐受到4C理论的挑战。伴随着以客户为中心的新型营销思路的出现，以顾客为导向的4C理论应运而生。4C理论的营销观念包括消费者（Consumer）、成本（Cost）、便利（Convenience）和沟通（Communication），如图1-3所示。

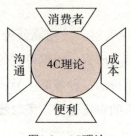

图1-3　4C理论

4C理论的核心是顾客战略，它以消费者需求为导向，强调企业首先应该把提高顾客的满意度放在第一位，其次是努力降低顾客的购买成本，再次要充分注意到顾客购买过程中的便利性，而不是从企业的角度来决定销售渠道策略，最后还应以消费者为中心实施有效的营销沟通。

沃尔玛超市所秉持的"顾客永远是对的"的基本企业价值观就是4C理论的典型体现。在营销活动中，沃尔玛超市始终以顾客为中心进行企业营销活动的规划设计。从产品到满足顾客的需求，从促销的单向信息传递到实现与顾客的双向交流与沟通等多个角度进行产品和服务营销，这正是将顾客的利益和需求放在了首位。

3. 4R理论

同样，随着时代的发展，以顾客战略为核心的4C理论，也显现了其局限性。顾客需求与社会原则相冲突，顾客战略已经不适合社会的发展趋势了。例如，在倡导节约型社会的背景下，钻石等奢侈品的广告营销该如何完成，建造别墅如何与国家节能省地的战略要求相融合。这一系列新问题的出现，对4C理论产生了新的冲击。

4R理论正是在这一背景下应运而生的。2001年，美国的唐·舒尔茨（Don E. Schultz）提出了关系（Relationship）、反应（Reaction）、关联（Relevancy）和报酬（Rewards）的4R理论，如图1-4所示。

图1-4　4R理论

华为品牌的塑造就是对4R理论的成功运用。华为深知顾客是各方竞争的制胜法宝。2003年，阿联酋宣布由华为独家承建3G网络，但是，由于技术不成熟、客户关系不牢靠，在最后的产品验收上，客户给了华为零分。

华为并没有因此而灰心丧气，而是充分照顾了客户的需求。在日内瓦展览开展之前，华为销售员暂时牺牲自己的展台，主动帮助客户搭建展台调试设备。这一举动让客户对华为好感倍增，展会结束，华为就与客户建立了比较牢固的关系，成功为自己积累了品牌价值。

这正是4R理论的充分体现。该理论认为，随着市场的发展，企业需要从更高层次上以更有效的方式在企业与顾客之间建立起有别于传统的新型的主动性关系，强调企业与顾客在市场变化的动态中应建立长久互动的关系，以防止顾客流失，从而赢得长期而稳定的市场。

4. 4I理论

4I理论包括趣味（Interesting）、利益（Interests）、互动（Interaction）和个性（Individuality）等四大原则，如图1-5所示。

图1-5　4I理论

网络时代的到来，信息的传播更加迅速和方便，消费者的个性也逐渐凸显，渐渐成为网络传播时代的主流。"自媒体"迅速发展，呈现爆炸性的增长，博客、论坛成为草根消费者的"嘴巴"和"耳朵"。

"快到碗里来。

你才到碗里去。

哼，那也得找个大点的碗吧。"

M&M's巧克力豆的"妙趣挡不住的"广告做得生动有趣，运用两颗拟人化的巧克力豆以逗趣的形式把产品的特点突出出来，是现今4I理论在广告中的典型体现。

其实，4I理论在网络时代已经被广泛应用。营销人员主动改变方法和策略，主动将营销做得有趣，吸引客户的注意力，又时刻遵循利益原则和互动原则，与客户进行有效的互动，保证企业和客户的利益，并且针对不同客户进行分类营销。

以上就是营销的四大理论，这些理论都是时代的精华，大家在撰写文案时，可以将这些理论融入文案写作中，作为策划营销的理论来源。

1.1.4　DNA核心价值论

京东是中国最大的自营式电商企业，根据京东2016年第二季度财报，京东实现净收入达652亿元人民币，同比增长42%，第二季度服务和其他项目（主要来自电商平台业务）的净收入为55亿元人民币，同比增长67%。年度活跃用户数和履约订单量（剔除虚拟商品）分别达到1.881亿和3.734亿。

这一系列数据体现了京东强劲的整体实力，它的发展与企业的核心价值有着非常紧密的联系。

"客户为先"的企业核心价值，让京东从产品到服务的每一个流程，都受到消费者的青睐。在京东的企业文化中，诚信、团队、创新、激情是京东的核心价值，京东秉承"客户为先"的理念，打造企业内部的核心价值，为企业的发展带来了无限的可能。

所谓核心价值，就是在企业拥有的区别于其他企业的、不可替代的、最基本且最持久的特质，是企业赖以生存和发展的根本原因。形象地讲，核心价值就是一个企业DNA中最核心的部分。

核心价值的概念最早由美国学者柯林斯和波拉斯在1994年发表的专著《基业长青》中提出。在书中，作者提出了"愿景型企业"的概念，并认为企业不断自我革新并取得长期优秀业绩的原因，一方面是保持核心价值和核心使命不变，另一方面是使经营目标、战略与行动适应变化的环境，而构建与贯彻有效的企业愿景则是企业成功的关键。

该书作者认为："核心价值和核心使命用以规定企业的基本观念和存在的原因，是企业长久不变的东西。核心价值是指一个组织的最基本和持久的信念，它具有内在性，被组织内的成员所看重，独立于环境、竞争要求和管理时尚，一般3~5条。"

从上面的论述中大家就能够看出，核心价值对企业来说是非常重要的。只有明确了企业的核心价值，企业才能多方面去寻找、培育实现核心价值所需要的能力，即核心能力。正所谓理论指导实践，核心价值在企业的战略管理、品牌管理、人力资源管理、流程再造管理等方面发挥着重要作用。

总之，DNA核心价值论就是以打造企业的核心价值为核心的理论，它在企业的生存和发展中发挥着重要作用，对产品的营销具有理论指导意义；它对文案策划的帮助也不容小觑。所以，大家要熟悉和掌握这一理论。

1.2 文笔好不一定是好策划

"江天一色无纤尘，皎皎空中孤月轮。江畔何人初见月？江月何年初照人？"唐代大诗人张若虚的《春江花月夜》是描写春夜江边美景的经典之作，其文笔好得可以说是让人拍案叫绝。

但是，如果将他的古诗放到现在的文案中，是否具有同样的说服效果呢？这个问题无人知晓，但是"文笔好不一定是好策划"这一说法是能够成立的。那么什么样的策划才是好策划呢？大家可以从下面的内容找到答案。

1.2.1 文字表达精准是基础

2016年6月19日，父亲节当天，泸州老窖发起#父亲的借口#微博话题："不善言语的他，总是期待手机亮起时，来电显示是你的名字；不善言语的他，总是盼着你回家吃顿晚饭，跟你喝杯小酒；不善言语的他，总是把满满的爱，轻描淡写化作三两句的关心。父爱隐匿，却来得深沉；父爱无形，却细水长流。"

配合微视频，将泸州老窖插入到视频当中，最后在视频的结尾点出"别把酒留在杯里，别把话放在心里"的一句话总结，更是将产品和广告精准表达，将消费者的情感调动到最高点，并成功引爆了消费者的情绪，带来了大量的好评，也让泸州老窖获得了良好的企业形象。

诸如此类文字表达精准的广告还有许多："劲酒虽好，可不要贪杯哦"——劲酒；"吃都吃得没滋没味，怎能活得有滋有味"——大众点评；"去征服所有不服"——北京现代途胜。这些广告语都是将产品卖点用精准的语言来宣传，为产品的营销和推广打下了良好的基础。

既然文字表达精准是好策划的基础，那么如何做到表达精准呢？下面就为大家介绍几种方法，如图1-6所示。

1. 基础文字功底必不可少
2. 全面精准掌握产品特性
3. 消费者需求把握到位

图1-6 做到文字表达精准的方法

1. 基础文字功底必不可少

金字塔是由一块块砂石搭建而成的，同理，在产品的策划中，基础的文字功底必不可少。大多数的广告公司都会要求策划人员有一定的文字功底，这是策划人员必备的基础能力。如果没有这种基本的文字功底，心里想的在纸上却写不出来，那也是一种能力的缺失。所以，要想写出好的文案，就必须要有基本的文字功底，这就需要大家多读书，多进行知识的积累，尽全力修炼基本功。

2. 全面精准掌握产品特性

产品是文案策划的主题，想要获得好的策划效果，就必须对产品有准确的认识和定位，只有这样，才能找出产品的突出特点，寻找到最佳卖点，做好产品的策划方案。策划失败和产品的定位正确与否有很大关联，如德芙巧克力就是找到了自己的产品给人丝滑口感的产品特性，将丝滑作为产品的卖点，"德芙，纵享丝滑"的文案就是文字表达准确的体现。

3. 消费者需求把握到位

在文案策划中，要想使文案文字有准确的表达，消费者和产品同样重要。消费者需求的分析和掌握，对于策划文案至关重要，毕竟文案是以打动消费者，让消费者完成购买活动为目的的。所以，在策划时，要事先做好产品的市场调查，找到产品的目标消费人群，这样才能让文案更加具有针对性。

1.2.2 知识储备要深厚

2016年元月，百事可乐推出六小龄童主演的微电影广告《把乐带回家之猴王世家》。"苦练七十二变，方能笑对八十一难"熟悉的音乐响起，勾起了无数人的儿时记忆，这则广告不但让人感慨良多，而且赚足了人们的眼球。此后又爆出六小龄童节目被毙的消息，更是在微博上引起热议，牢牢占据微博话题榜榜首。

百事可乐借此事件赚足了人们的关注度，销量也随之水涨船高。这则广告成功的原因在于它成功抓住了年轻消费者的情感需求，燃爆了年轻消费者的心。

在年轻人心中，六小龄童主演的电视剧《西游记》是他们不可替代的童年回忆，并且在时间的流逝中具有了文化的底蕴。如果策划人员对《西游记》的内涵不甚了解，或者是把握不好《西游记》与年轻消费者的关系，那么百事可乐就不可能策划出如此成功的广告了。

所以，策划不仅仅要求文字表达精准，还需要策划人员具有深厚的知识储备。除了策划方面的书籍要学习之外，社会学、市场营销、心理学等其他方面的书籍也要涉猎，将知识大量储备，厚积薄发，将产品和自身知识融会贯通，才能做出令人眼前一亮的策划。

可以用以下三种境界代表策划的三个步骤。

（1）昨夜西风凋碧树，独上高楼，望尽天涯路。

（2）衣带渐宽终不悔，为伊消得人憔悴。

（3）众里寻他千百度，蓦然回首，那人却在，灯火阑珊处。

其中，知识的积累是策划的基石，只有拥有深厚的知识储备，才能达到第三种境界，实现对知识的融会贯通，做出优秀的策划方案。

所以，在策划时，要大量储备知识，上一小节中的IMC理论、USP理论、4P、4C等经典理论，大家要认识透彻、理解透彻。SWOT分析、MINKSY的7S模型这些基础的策划知识和技能都要掌握和精通。

需要提醒大家的是，在学习理论的同时，要把知识转换成自己的东西，做到知识和技能融会贯通。所以说，策划人员想要成为业内的佼佼者，必须进行大量的阅读和思考、积淀，才能在策划中厚积薄发。

1.2.3 善于整体统筹规划

2016年8月，根据《00后智能手机及APP使用习惯研究报告》显示，"快看漫画"成为最受00后欢迎的阅读APP，"快看漫画"的用户突破了4300万人，日活跃人数达530万，用户数量十分庞大。

"快看漫画"取得成功的原因，与它善于整体统筹规划的能力有十分密切的关系。2014年末，拥有800多万粉丝的90后漫画家"伟大的安妮"在微博上发表了一组名为"对不起，我只过1%的生活"的励志漫画，讲述了自己是"如何走上漫画家的道路"的故事，瞬间引爆网络。

一天之内，该微博转发量超过40万次，点赞人数达到34万以上，评论也有将近10万条。在微博里，安妮将自己实现梦想的故事以漫画的形式讲述出来，并推出了自己开发的"快看漫画"APP。

在这之前，"快看漫画"的团队在文案策划中发挥了重要的作用，借助微博这一媒体形式，加之多种营销推广方式，成功将"快看漫画"打入APP市场，获得优异的推广成绩。这就是"快看漫画"团队善于整体统筹规划的体现。

所谓整体规划，是指能够基于组织战略、具体工作以及相应的目标要求，对内外部资源进行全盘考虑，厘清内外部利益相关方的关系。

一般来讲，相对完整的广告策划大致分为以下几个步骤，如图1-7所示。

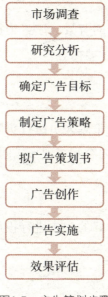

图1-7　广告策划步骤

1. 市场调查

前期的市场调查是对策划的方向指导，市场调查的数据和反映的情况，能够在策划中起基础作用。

2. 研究分析

市场调查后，对同类产品进行研究分析，会对自身产品有借鉴意义。分析研究调查结果，可以减少产品在营销推广中出现的很多问题。

3. 确定广告目标

确定广告目标是对广告想要达成的最终结果做出预想，是广告运作过程中的参照,所以在确定目标时,要多方面考虑。

4. 制定广告策略

制定广告策略,就是对广告的制作方向、制作手法等问题进行前期的规划。

5. 拟广告策划书

广告策划书包括广告拍摄的背景、广告拍摄的目的、意义,以及广告拍摄的过程、想要达成的目标等主要内容。

6. 广告创作

广告创作阶段,需要大量策划人员进行头脑风暴,对产品的特性和市场需求进行融合,最终将广告的内容和表现形式创作出来。

7. 广告实施

广告实施阶段就是对创作好的广告进行投放,这时,需要注意广告的投放渠道和方式。

8. 效果评估

效果评估是对广告投放后的效果进行调查,包括市场的反映和消费者反馈等多项内容,以此为依据进行后期的广告策略调整。

从上面的步骤上看,策划的步骤较多,其中涉及的知识和人员也很复杂。这时,就需要策划人员做好整体的统筹规划工作,确保策划过程和实施顺利完成。那么应该从哪些方面进行整体统筹规划呢?下面就为大家介绍一下,如图1-8所示。

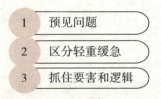

图1-8 整体统筹规划的三个方面

1. 预见问题

完整的广告策划涉及的方面众多,无论是知识储备,还是策划人员,都可能在策划环节出现问题,而这些环节一旦出现问题,就会对整个策划造成恶劣的影响。如果能够及时预见问题的发生,为可能出现的突发事件准备好对策预案,之后采取有针对性的预防措施,将意外事件带来的影响最小化,这样就能够减少甚至避免在策划中出现问题了。

2. 区分轻重缓急

策划人员想要做到善于整体统筹规划,就要在处理问题时,区分轻重缓急。根据事情的重要性和紧迫程度,对资源进行优化配置,把重要紧急的工作放在第一位,进行优先处理,确保将核心的问题处理好,以免影响整个策划的实施。

3. 抓住要害和逻辑

策划时有针对性地解决突出的问题是策划成功的关键,只有精准的策划才能将产品的卖点凸显出来,达到产品营销的目的。所以在复杂的终端、渠道、媒体的成本面前,策划人员需要具备抓住问题的要害和逻辑的能力。抓住问题的主要矛盾,才能对策划有一个整体的统筹。

1.3　策划人的两大利器

高手对决,比的就是速度和精准度。策划高手,同样具有两大利器,即指向和速度。策划人员如果能够熟练运用好这两大利器,就能成功地策划出优秀的文案。下面就带大家认识一下这两大利器的真面目。

1.3.1　指向:针对目标群体

2016年7月,新世相的一篇名为《我买好了30张机票在机场等你:4小时后逃离北上广》的文章在微信朋友圈广泛传播，下面是从文章中截取的一小段内容，大家可以读一下。

"今天，我要做一件事：就是现在，我准备好了机票，只要你来，就让你走。

现在是早上8点，从现在开始倒计时，只要你在4小时内赶到北京、上海、广州3个城市的机场，我准备了30张往返机票，马上起飞，去一个未知但美好的目的地……

不只是30张机票，也不只鼓励30个人。过去3年里，我一直在新世相号召大家行动，成为更出色的自己。这一次，我希望激起一次集体行动，希望所有人能够做自己的主，现在就去做一件想做而没做的事：一次马上出发的旅行，一次告白，甚至一个电话。

如果你没有参加这次活动，但仍准备出发，请在微信后台回复'我出发了'，我们会记录你的故事，并送你一份礼物。如果你做了另一件了不起的事，也留言告诉我们。

试试看：4小时之内，遍布全国的我们，能一起做多少件犹豫了很久、以为自己做不到的事？"

读了这些文字，你是否感受到了内心的澎湃，是不是也想有一次说走就走的旅行？也许你确实这样想了，也许你并没有，但是这篇文章确实让一部分人产生了强烈的共鸣，那就是在北上广打拼的年轻一族。这则文案一出，就成功地击中了无数在北上广打拼的年轻人的心。

3个小时，微信阅读量过百万次，微博点击量过千万次，涨粉十万人……这一连串的数字增长，都证明了这次文案策划的成功。据说仅在北京，3小时内，就有一万名粉丝赶到了机场。

上面的策划之所以获得成功，是因为它成功找到了消费者的需求，击中了他们的痛点，北上广的年轻人面临的生活压力和事业压力比一般城市的人群的压力都要大，所以他们更容易有躲避压力、来一场说走就走的旅行的需求。

新世相将目标群体作为策划的指向，准确地找到了消费者的痛点，所以做成了一场让业界人士纷纷称赞的策划。那么在实际的策划中，大家要怎么做才能把握好策划的指向，找到目标群体呢？下面就为大家介绍一下，如图1-9所示。

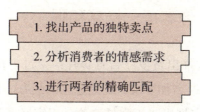

图1-9　找到目标群体的方法

1. 找出产品的独特卖点

在文案策划中，如果策划人员不懂产品，那么文案必然不能达到企业的要求。所以，在做策划的时候，务必要对产品进行全面的了解，对产品的特点要了然于心。

如果在策划别墅文案的时候以为它是平房，在策划汽车文案的时候不了解发动机的性能，这些情况下都写不出好的策划文案。只有反复研究产品，把它当成朋友，对它熟悉、理解和热爱，找到它的独特卖点，才能找到产品的目标消费者。

2. 分析消费者的情感需求

分析消费者的情感需求是策划中的重要工作，新世相就是精准地分析了在北上广打拼的年轻人的情感需求，策划出"逃离北上广，来一次说走就走的旅行"的文案，成功找到了这次文案策划的目标人群，把活动办得有声有色。

另外，在分析消费者的情感需求的时候，可以将消费者按各种标准进行分类，对各种类别逐个进行分析和研究，用这种方法减少工作量，快速锁定目标消费群体。

3. 进行两者的精确匹配

在找到了产品的独特卖点和消费者的情感需求之后，就进入两者的整合阶段。根据产品的独特卖点，匹配消费者的情感需求，让两者在情感上产生共鸣，更利于文案的写作策划。

诸如"天才第一步，雀氏纸尿裤"，就是将纸尿裤与妈妈的情感需求进行了完美的整合，专门针对宝宝进行文案策划，找到了目标群体。

1.3.2　速度：像老虎一样猛和狠

2014年初，加多宝推出贺岁广告宣传片："过吉祥年，喝加多宝，全国销量领先的红罐凉茶，改名加多宝。还是原来的配方，还是熟悉的味道。"

2014年6月，加多宝推出"正宗好凉茶，正宗好声音"的广告语，通过赞助《中国好声音》，获得超高人气，更是在国内重新掀起了一股凉茶热。

2015年、2016年，加多宝与王老吉的商标之争更是吸引了无数人的关注。2016年，加多宝与王老吉的品牌之战最终落下帷幕。

广告宣传加上商标争夺战让加多宝的品牌响彻全国，虽然最终加多宝输了官司，但是它的品牌却被广大消费者知晓；在这个碎片化、高速发展的信息时代，这一系列活动让加多宝形成了迅猛的广告攻势，给消费者留下了深刻的印象。

与加多宝的宣传速度同样迅猛的广告宣传还有许多，人们所熟知的OPPO手机的文案策划也十分高明。

"充电5分钟，通话2小时。"这一口号想必大家都不陌生，OPPO独立自主研发的快速充电技术——VOOC闪充，让OPPO手机以独特的卖点进入消费者的视野。

随着真人秀节目的大火，OPPO抓住了这一趋势，直接冠名赞助了《偶像来了》《极限挑战》等一系列收视率极高的电视节目，让OPPO手机随着节目的火爆深入人心。

它如此受市场欢迎，不仅仅是因为OPPO这句"充电5分钟，通话2小时"口号的多次重复，更是因为这句口号本身就切中了用户的痛点。

智能手机有利也有弊，比过去多得多的应用、游戏虽然丰富了人们的生活，但人们却时常面临手机耗电量大、手机没电、关机的情况，OPPO以"充电5分钟，通话2小时"为口号，简单直接地把充电快、效率高的特点融入文案中，一下子戳中了大量消费者的心。

OPPO不仅没有满足于"充电5分钟，通话2小时"带来的手机销售成绩，随之又提出"至美一拍"这一口号，推出了N系列旋转摄像头拍照手机，更是请来了国内一线明星鹿晗、李易峰、杨幂做代言人，成功吸引了无数粉丝买手机。

宣传力度如此之大,速度又十分迅猛,再加上产品本身的质量过硬,OPPO手机很难不火。

从上面两个案例中就能看出,速度是策划人的两大利器之一。加多宝和OPPO手机的文案策划如此成功,就是因为对广告宣传的速度有着严格的要求。下面为大家介绍一下如何让策划中的速度像老虎一样猛和狠,如图1-10所示。

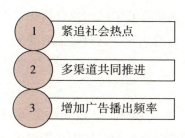

图1-10　策划中做到速度像老虎一样猛和狠的方法

1. 紧追社会热点

社会上的热点问题都是人们普遍关注的问题,并且在社会上有一定的影响力,如果策划时能够和热点话题相结合,就能够吸引到关注热点的一部分人群。

如上文提到的泸州老窖的父亲节宣传短片的推出,再比如手机APP美柚的"姨妈假"的宣传策划,这些都是企业蹭热点或者自身制造热点的案例,成功将产品策划成社会的热门话题,伴随话题的广泛讨论,自身的产品也得到了很好的宣传。

2. 多渠道共同推进

速度问题是策划人在策划时必须考虑的问题,宣传攻势快速又迅猛,广告的宣传效果就成功了一大半。所以策划人在策划时,一般都会使用多渠道共同推进的方法来为广告造声势,达到快、准、狠的宣传效果。

就像上面的案例所讲的一样,加多宝和OPPO手机都同时采用了直接的电视广告和冠名节目的方法,并且在线下的地铁、公交等人流量大的场所投放广告,覆盖线上和线下两个渠道,成功地将品牌的影响力提高到最大。

3. 增加广告播出频率

增加广告播出频率是让策划的速度像老虎一样猛和狠的又一方法。多次播放广告能够让消费者对产品产生深刻的印象,让广告的宣传更加广泛。

但是这种方法也有一个弊端,就是会让消费者产生疲劳。如果一支广告重复出现,就会让产品在消费者心中的印象打折扣,而且如果大幅地增加广告的播出频率,也会增加广告的成本,这时就需要策划人员根据自身公司的实力考虑采用此方法的必要性。

综上所述,在进行文案策划时,一定要注意策划方案实施的时效性,将广告的攻势完全展开,结合公司实力,集中火力对消费者进行大范围的广告宣传,这样才能取得良好的产品宣传效果。

1.4 创意不可能一蹴而就

如果牛顿在苹果砸到自己头上时没有思考过有关引力的问题,如果乔布斯在发明苹果电脑时没有构想过笔记本电脑的原型,那么还会有万有引力定律的发现,还会有苹果公司的存在吗?答案肯定是"不会"。

创意从来都不是一蹴而就的,只有深厚积累,才会有好的创意出现。所以,策划人员在寻找创意时不能急于求成,那么大家应该怎么做呢?下面为大家介绍一下创意的相关知识。

1.4.1 灵感要经得起时间的考验

"A diamond is forever"("钻石恒久远,一颗永流传")是全球最大的钻石供应商戴比尔斯在1951年所用的广告词,该广告词以"变卖钻石为卖爱情"为策划核心,在中国大获成功,塑造了钻石永恒珍贵的形象,同时打开了中国的珠宝市场,成为钻石行业最经典、最传神的广告用语。

时至今日,戴比尔斯这一广告语仍在被广泛流传,钻石在人们心中也经久不衰,当初策划这则广告文案的策划人员的灵感得到了时间的认可。

在文案策划中,灵感确实十分重要,但是如果只是比较肤浅的想法在脑中一闪,就将它作为灵感来使用,那么这样的灵感是经受不住时间的考验的。许多广告公司的文案人员在策划时都会犯这样的错误,使广告在市场上只能存活一段时间,经不起时间的考验,最终成不了经典。

所以,灵感要经得起时间的考验是一个好策划必备的条件,许多经典的广告之所以经典,随着时代的变迁依然能够打动消费者的心,是因为它的灵感符合消费者的心理。那么如何让灵感经得起时间的考验呢?下面就为大家介绍几种方法,如图1-11所示。

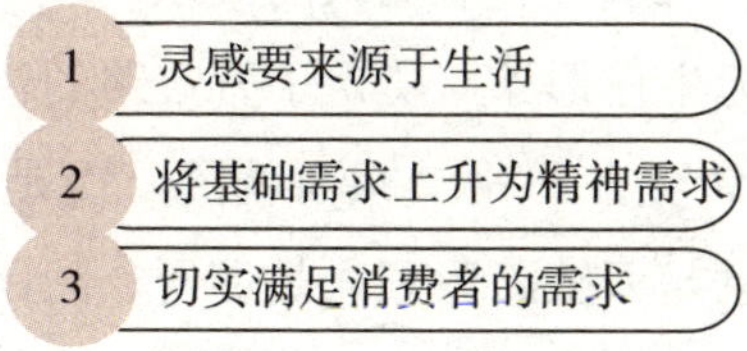

1. 灵感要来源于生活
2. 将基础需求上升为精神需求
3. 切实满足消费者的需求

图1-11 让灵感经得起时间的考验的方法

1. 灵感要来源于生活

"大宝,天天见"的广告语,让消费者对大宝这一品牌的护肤产品有着深刻的印象。

大宝的长盛不衰要归功于它的大众路线。广告文案的灵感来源于人们的生活,让消费者对大宝这一品牌有更亲近的感觉,更加信赖这一品牌。

2. 将基础需求上升为精神需求

戴比尔斯钻石的这句广告语之所以得以流传,不仅是因为它道出了钻石的真实价值,而且更是因为它从另一个层面把爱情这一情感需求加入到产品当中,使钻石的价值提升到足够的高度,让人们很容易把钻石与爱情联系起来——这的确是这个广告文案最为匠心独运的地方。

3. 切实满足消费者的需求

"牙好，胃口就好。身体倍儿棒，吃嘛嘛香，您瞅准了，蓝天六必治。""这人啊，一上年纪就缺钙，过去一天三遍地吃，麻烦！现在好了，有了新盖中盖高钙片，它含钙高，一片顶过去5片，方便，你看我一口气上5楼都不累，高钙片，水果味，一天一片，效果不错还实惠！"

这两则广告都是切合了消费者的需求，在文案策划中找到了产品独特的卖点，将卖点与消费者的需求结合，收到了良好的广告宣传效果。

1.4.2 创意来源：调研、阅读、思考和观察

提起香烟中的精品，大家下意识地就会想到万宝路香烟，它的品牌影响力十分深远，这与它的广告宣传有着莫大的关系。1954年11月，万宝路成功地将品牌形象由女性转化为牛仔形象，奠定了万宝路的传奇之路。

万宝路品牌形象的转变并不是一蹴而就的，而是通过多次的战略调整才完成的，其中涉及的创意是万宝路策划人员调研、阅读、思考和观察的结果。下面带大家分析一下万宝路品牌宣传的发展之路。

1924年，万宝路定位为女性香烟，以"柔若五月"——手持香烟姿态优雅的时髦女性作为品牌代言人，但是产品并没有在市场上获得好的反响。万宝路分别于1936年、1954年在女性香烟的基础上做了产品调整和宣传调整，但依旧没有获得满意的市场反馈。

直到1954年11月，万宝路一改女性香烟的形象，成功转型为牛仔的硬汉形象，同时将包装由淡红色改成艳红色，给消费者的视觉冲击更强。

1955—1962年，万宝路用了7年时间，将产品打造成充满男人风格与品味的产品形象，硬汉、豪气的风格与个性也成为万宝路香烟的产品卖点。

万宝路的广告宣传让万宝路香烟成为一种文化，并创造了香烟史上的神话，成功地让自身成为品牌香烟的顶尖代表。

优秀的品牌策略促成了万宝路的成功，下面我们就以万宝路品牌形象的树立为例来分析一下文案策划的创意来源问题，如图1-12所示。

1. 创意来源于调研

2. 创意来源于思考

3. 创意来源于观察

图1-12　文案策划的创意来源

1. 创意来源于调研

万宝路品牌形象的转变在它的发展中发挥着起死回生的功效,那么万宝路是如何发现这个问题,并成功实现形象转变的呢?其实,就是因为万宝路的策划人员进行了大量的调研和阅读。

比如,虽然万宝路在全球使用一个基本的、统一的口味,但是在进入一些区域市场时,仍然会考虑当地的口味差异化,进而对产品口味进行小范围的调整。这样做既可以增加消费者口味转换的可能性,同时也可以引导消费者逐步转向美国标准的口味,以此来增加品牌的规模效应。

2. 创意来源于思考

万宝路广告成功的因素之一就是它以18~24岁的年轻烟民为目标核心群体,持续地进行品牌诉求。这部分群体不仅仅是时尚的带头人,还是引导和推动市场的中坚力量。

万宝路的策划人员不断地调研和思考这些年轻烟民的个性和需求,在深思熟虑的基础上成功地塑造了万宝路的品牌形象和魅力。

万宝路通过对市场反应和消费者的反馈进行分析,发现了牛仔广告的魅力。而后开始了长期的品牌形象探索,最终把牛仔形象打造成为万宝路品牌自己独特的形象,并和广告形成了一个整体,这对万宝路品牌的塑造起了重要作用。

3. 创意来源于观察

万宝路广告的创意还来源于它对产品市场的细致观察。市场上的女性香烟并不占有优势,所以在万宝路初期的宣传中,无论怎么改变产品和宣传策略，都对产品的销路无济于事。最后，万宝路对市场进行了细致全面的调研，成功将产品的定位转变为男士香烟，为产品打开了销路。

1.4.3 自媒体人罗振宇超会玩：一个创意拍出2200万元

2016年4月，2016年"第一网红"papi酱的广告拍卖会在北京举行，此次拍卖会采用了线上线下同时竞拍的方式，竞标的是papi酱视频贴片广告，位置位于papi酱节目之后的彩蛋部分。

据某网友爆料，在被罗辑思维等注资前，papi酱的广告价格在几十万元的量级，基本还落在一般估值方式的区间中。然而短短三四个月的时间，在papi酱的视频形式和播放数据并没有产生大的改变的情况下，papi酱的广告价格却翻了数十倍。这种现象是怎么出现的呢？

事实上，天价广告费的背后是罗振宇玩的一手好戏。罗振宇通过自己对消费者心理的熟练把握，以及对当时网络文化发展趋势的把握，成功将2016年"第一网红"papi酱推向了大众。

细细分析罗振宇在此次事件中的作用，其实就是利用一个巧妙的创意，成功策划了一场事件营销，使自身和参与此次会议的各方各取所需，共同获利。

在此次广告招标会上，丽人丽妆成为标王，短时间内获取了超高的曝光量，为企业获得了大量无形的效益。中标之后，长期站在幕后的化妆品渠道分销企业丽人丽妆一夜之间走向了前台，获得了数倍于平时的关注度。

而参与"陪跑"的微鲸和科沃斯也获益匪浅，在招标会预热和出价期间获得了大量曝光，而且由于两家并未中标，"打广告"的成本几乎为零，可谓"无本得利"。

罗振宇简简单单的一个创意，就拍出了2200万元的高价，让无数策划人员羡慕不已。其实，大家不必太过羡慕，策划人员如果自身的本事过硬，同样也能够通过自身的努力，成为像罗振宇一样的人，轻松玩转创意，轻松获得收益。

和罗振宇用创意卖钱的案例一样，自媒体大咖天才小熊猫的策划创意同样获得了消费者和广告主的认可。

天才小熊猫的"千万不要用猫设置手机解锁密码"在2010年就已经获得了市场认可。这篇以手机作为宣传卖点的微博最后被转发17万次,阅读近亿次,大大提高了手机的营销和推广效果。

2015年,天才小熊猫又发布微博"没事儿就不要自己做手机壳了",为华为手机做了巧妙的宣传。它的微博形式特殊,往往是采用网络段子的形式,以一种轻松、搞笑的形式把产品融入其中,并且段子的内容创意感十足,以出人意料的形式将产品宣传出来,让消费者在不知不觉中接受它的产品宣传。

其实,天才小熊猫和罗振宇都是极具创意的人,他们都是通过不同寻常的方式来达到宣传效果。从他们的成功经验来看,无论是产品的文案策划,还是事件活动的文案策划,创意都是必不可少的重要元素。

1.5 文案策划的金字塔论

我们先来做一个经典的小游戏:"葡萄、橘子、牛奶、黄油、土豆、苹果、鸡蛋、奶酪、萝卜、白菜。"这是一些日常生活中常见的东西,如果让你在30秒的时间内记住这些名词?你能够记得住吗?

怎么样?记住了吗?可能大部分人看到这些名词的第一感觉就是一个字"乱",更别说在30秒内记全这些名词了。那些能记全这些名词的人,几乎都会运用一些记忆方法。下面为大家介绍一种常用的快速记忆方法,如图1-13所示。

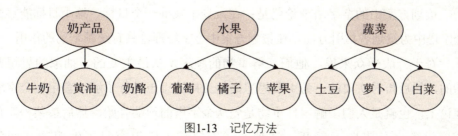

图1-13 记忆方法

通过图1-13分类汇总的方法，是不是让原来并不好记忆的事情变得容易了？这种方法就是人们日常生活中应用十分广泛的金字塔理论，比如做会议报告或者是进行成果演示，都能够使用到金字塔理论。同样的，文案策划中也会涉及金字塔理论，本节就带大家了解一下文案策划的金字塔理论。

1.5.1 金字塔顶端：目标

大家先来看一个笑话：

某一天，老师在课堂上开完班会后问大家："这学期我们的目标是什么？"其中一个同学回答道："我们的目标是'没有蛀牙'。"

上面虽然是一个笑话，却反映出高露洁牙膏广告确实是深入人心。而"没有蛀牙"的广告语显然成了高露洁广告的最大记忆点。

这就是本节要讲解的主要内容——文案策划的金字塔理论中的目标。高露洁之所以能够将广告做得深入人心，是因为它把握住了金字塔理论中的目标，即"没有蛀牙"的广告宣传标语。

高露洁的产品在中国市场受到消费者欢迎的原因之一，就是它的品牌宣传力强，将"没有蛀牙"作为产品的广告宣传标语，站在消费者的角度为他们找到了购买牙膏的最终目标，之后针对这一目标进行广告的制作和宣传，成功运用金字塔理论做了产品的宣传和推广。

在高露洁的广告中，无论是口腔科室还是小学生课堂的场景，消费者都可以看到只有用高露洁牙膏才最有可能不轻易患上蛀牙。一系列的广告内容都是为这个目标服务，突出了广告的卖点，让高露洁牙膏成为没有蛀牙的代表产品。

策划方案中的金字塔理论就是：在策划中找准一个目标，这个目标能够在金字塔中为策划者指引方向。在策划方案中金字塔理论具有统领全局的作用。

对于一般受众来说，他们理解事物的顺序是从最主要的、抽象的思想开始的，然后再对次要的、为主要思想提供支持的思想进行了解。套用在金字塔理论上，也就是人们了解一件事物是先从金字塔的顶端开始，然后按某种逻辑顺序沿各个分支向下展开。这种方式能够让人们很容易了解事物之间的联系。

既然目标在金字塔理论中如此重要,那么如何在文案策划中设置金字塔的目标呢?下面就教给大家几种方法,如图1-14所示。

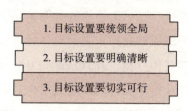

图1-14　在文案策划中设置金字塔目标的方法

1. 目标设置要统领全局

在文案策划时,正确使用金字塔理论设置目标,就要求目标的设置要统领全局。只有能够将文案策划的整体全部表现出来,达到广告宣传的目的,才能算是一个优秀的文案策划。就像上面案例中的高露洁牙膏把"没有蛀牙"作为整个文案的目标来策划,所有的场景和语言都紧紧围绕产品的这一目标来表现,才获得了很好的宣传效果。

2. 目标设置要明确清晰

在设置目标时,一定要让目标尽可能明确清晰。明确清晰的目标能够在整个的文案策划中节省很多不必要的程序,提高文案执行的效率;如果目标设置得模糊,就会增加活动执行的难度,也会让整体的广告效果大打折扣。所以,大家在做一份文案策划时,要把目标设置得明确清晰。

3. 目标设置要切实可行

目标设置要切实可行,第一步怎么做,用什么方法去做,借助哪些工具去做,这些方法和工具都能在真正实行的时候找得到、做得好。这样切实可行的目标才能在广告拍摄中成为现实,做出文案中想要实现的效果,这才是文案策划人员追求的。

1.5.2 位于金字塔下层的是渠道、方法和角度

"天才第一步,雀氏纸尿裤"广告的推出,抓住了消费者的心理,成功获得了良好的产品销售业绩。在这支广告的文案策划中,相关人员首先按照金字塔理论确立了广告想要达成的目标,之后对目标进行拆分,对如何实现目标进行渠道、方法和角度的具体分析,并且从这些方面进行具体的实施,最终打造出了一支优秀的广告,获得了良好的市场效果。

金字塔理论中,设立目标在策划方案中具有统领全局的作用,顶端是文案策划的目标,但是位于金字塔下层的东西也十分重要。只有足够多的渠道、方法和角度,才能把这些东西整合在一起,实现塔顶的目标。所以,大家还要十分重视位于金字塔下层的渠道、方法和角度。

既然位于金字塔下层的渠道、方法和角度十分重要。下面就为大家介绍一下文案策划中与之有关的知识,如图1-15所示。

图1-15　文案策划的渠道、方法和角度

1. 渠道

要写一份优秀的文案策划,就必须考虑它的实施渠道。广告的拍摄渠道一般有两种,即印刷类媒体和电讯类媒体,这两种渠道各有优势和局限性。

以电讯类媒体为例,它包括广播、电视、网络三种形式,这种渠道的优点就是传播速度快,覆盖范围广,影响力大,对消费者的宣传比较快速、到位。但是,它也有其局限性,比如说它的投入费用大,目标群体的针对性不强,等等。

不过事物都有两面性,电讯类渠道宣传有利有弊,印刷类渠道也有它的优点和局限性。所以,大家在进行渠道选择时,要充分考虑两者的利弊,选择适合产品宣传的渠道进行广告投放,以达到最佳的宣传效果。

2. 方法

文案策划的方法在其中也扮演着十分重要的角色。这些方法不仅能够充实文案的内容，还能够为文案策划的实施人员提供更多的解决问题的方案，增加文案的可执行性。

举例来讲，雀氏纸尿裤文案策划中"天才第一步，雀氏纸尿裤"的广告语如何能够真正打动消费者，策划人员一定想了多种表现这一主题的方法，诸如形象代言人的选择、拍摄的角度、拍摄的效果等。方法想得越多，想得越全面，就越能够为文案策划在最后的实施中加分。

3. 角度

金字塔理论中的策划角度，涉及多个方面，诸如消费者的角度、生产者的角度、拍摄者的角度，这些角度的选取和设定，都会对文案策划产生影响。

在进行文案策划时，首先要站在消费者的角度，想清楚文案是写给谁看的，这样才能对文案有一个方向性的选择；其次要从文案的立意和体裁的角度进行分析，对策划分步骤实施。

1.5.3　全球顶尖创意分享平台——TOPYS

"每个人心中都有一杯不将就——雀巢金牌咖啡。"

"血统不将就——咖啡豆中的贵族，最不凡的阿拉比卡。"

"源头不将就——源自1600米南美高地，高度决定品质。"

"他们说年纪不小了，找个差不多的人结了吧，我说差不多还差很多。没有勇气的人，去找个人和你做伴吧，但是不要谈爱，宁可多孤独一会，也要等到那个人，有一种爱情叫不将就。"

"他们说咖啡就是提神的，差不多就能喝，我说差不多还差很多。生长在1600米海拔的阿拉比卡咖啡豆，要经历过2000小时日照，最终天赋醇香跳跃于鼻尖，味蕾经历最大的喜悦，宁可封杯，只等这一杯，有一种咖啡叫不将就。"

2015年，电视剧《何以笙箫默》开播，根据同名小说改编的电影也上映了，"不将就"成为人们热议的话题，也变为人们的口头禅。雀巢金牌咖啡打造的"不将就"系列广告文案为品牌做了一次良好的宣传。

上面这则雀巢咖啡的宣传广告就是笔者在TOPYS网站中找到的经典广告案例。TOPYS是一个创意分享平台，它致力于广告、文案、创意、设计、艺术等方面的资源分享。网站将OPEN YOUR MIND（激发你的灵感）作为平台的核心愿景。一方面，精选全球的创意新鲜资讯，使创意人的灵感真正被打开、被激发；另一方面，通过创意人的深度互动，打破界限，为读者提供更加立体、更具体验感的创意激发和灵感补给。

全球顶尖创意分享平台顶尖文案TOPYS创办于2002年11月，截至2011年，它的网站平均每天有超过1万多创意人登录，日均浏览量也超过5万，已经成为国内最受欢迎的创意资讯网站之一。到2016年8月，它的新浪官方微博"TOPYS的微博"（http://weibo.com/topys）已经拥有了超过18万的粉丝。

网站中不仅收录了国内外大量的优秀广告，还出版了电子杂志《饕餮榜》，致力于为广大广告人士提供全球最优秀的广告创意以及相关讯息的信息服务。

顶尖文案TOPYS之所以成为国内最受欢迎的创意资讯网站之一，是因为它收录了众多国内外顶级的文案。认真分析这个网站，或许你会发现，网站几乎全部遵循了文案策划中的金字塔理论，目标清晰，步骤、方法和角度都切合实际，成功对产品做了宣传和总结。

所以，大家在进行文案策划时，如果不明白其中的金字塔理论的相关知识，或者是不懂如何在实际策划时运用该理论，就可以多寻找一些顶尖文案网站（比如TOPYS），研究上面的经典案例，为自己找一些文案策划的灵感和经验，帮助自身进行进阶修行，实现策划实力的提升。

1.6 2016年"第一网红"papi酱品牌策划

papi酱被网友称为"2016年第一网红"，并且她还是唯一一位"集美貌与才华于一身",成天叫嚣着"胸不平何以平天下,人不穷怎么当网红",靠着几十条自制的毒舌吐槽视频从微博一路蹿红到朋友圈的奇女子。不到半年的时间,众人都中了一种叫作"papi酱"的毒,这一切让人不由得产生疑问:她是从哪儿冒出来的?其品牌策划是如何获得成功的?

1.6.1 papi酱玩转内容创业

"内容创业"是2015年最热门的词汇之一,还有媒体称2015年是"自媒体元年"。随着内容创业以及自媒体的火爆,在2016年初,互联网上出现了一个现象级人物"papi酱"。

关于papi酱,资深媒体人罗振宇是这样说的:"我花了3年多,粉丝到600万,papi酱你花了4个月粉丝1000万,我每天甩脑浆,讲哲理故事,你每天网上刨几个段子掰几句。我们团队上百人,一年收入2亿多,现在估值13亿。你一个人,还啥也没开始卖,估值3个亿,你叫叔叔怎么能睡得着?"

让罗振宇都自愧不如的papi酱到底是谁?下面,我们一起看看papi酱的前世今生。

papi酱,本名姜逸磊,出生于1987年,上海人,中央戏剧学院导演系本科以及研究生毕业。目前papi酱已经结婚,老公是其大学同班同学。

papi酱在成为网红之前就非常喜欢录制恶搞吐槽视频。2015年7月,papi酱将自己录制的各种恶搞吐槽视频发布在微博上;2015年8月,papi酱开始录制一系列的秒拍视频发布在微博上,语言包括东北话、上海话、台湾腔等;2015年10月,papi酱开始尝试短视频原创内容,将自己录制的视频素材通过变声加速处理发布在微博上,从此人气一路飙升,在不到两个月的时间里迅速累积上百万粉丝。

2016年初,papi酱的微博粉丝量突破400万。截至2016年7月,其微博粉丝量已经超过1640万,同时有10万以上的二次元粉丝在B站关注着她。在微信公众号上,papi酱的每一次内容更新都有10万+的点击率,在2016年网红排行榜上排名第一。

这就是有着"年轻版的苏菲·玛索"之称的papi酱的惊艳出场方式。看到这里，如果你还不清楚papi酱与内容创业的关系，那么我们继续证明给你看。虽然papi酱只是众多网红中的一个，但是如果把她单纯当作一个网红来看，那就太局限了。

在内容创业的风口下，papi酱正好迎合了时代趋势，体现了时代的一种需求。papi酱的短视频具有鲜明的个人品牌价值，这与内容生产者的不可复制性是一致的。而且papi酱依靠录制短视频创业正是内容创业的形式之一，适应了时代的发展需求。下面是有利于papi酱塑造个人品牌的三个条件，如图1-16所示。

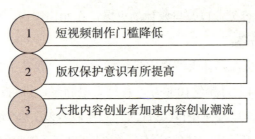

图1-16 有利于papi酱塑造个人品牌的三个条件

1. 短视频制作门槛降低

首先，随着互联网科技的发展，短视频制作工具越来越先进，视频制作生产的门槛大幅度降低，很多视频制作爱好者都可以独立制作视频。一些像papi酱一样具有表演天赋的非专业视频制作者都因此有了展现自我的舞台。

其次，随着用户时间碎片化特征逐渐加强，年轻人更趋向于观看视频的娱乐方式。因此，用户利用碎片时间看手机短视频成为一种潮流。众所周知，视频、图片、声音、文字四种认识方式的困难程度是逐渐递增的。加上当前无线WiFi以及移动4G网络的普及，papi酱无疑是与时俱进且满足时代需求的。

新浪微博最新披露的财务报表数据显示，2015年全年微博上的视频日均播放量环比增长82%，而"微博+秒拍"的整体视频播放量环比增长更是达到145%，由此可以知道UGC（用户原创内容）视频爆发已经开始。而papi酱因为原创短视频内容而火爆，这体现了一种时代机遇，即"视频内容创业"。

2. 版权保护意识有所提高

随着近年来国内创作者维权事件的频发，我国公民的版权保护意识持续高涨，为内容创业者提供了良好的创业环境。2015年4月22日，国家新闻出版广电总局发布了《关于规范网络转载版权秩序的通知》，对网络转载版权秩序起到了很好的维护作用；2015年7月，国家版权局出台《网络音乐版权自律宣言》，由25家网络音乐服务商共同签署，堪称中国音乐史上最严的"版权令"，实现了网络音乐版权秩序的有效管理；随后，腾讯、搜狐、爱奇艺、优酷等互联网视频公司组建了互联网正版联盟，共同维护原创视频版权。

在版权价值逐渐凸显，版权保护意识有所提高的行业环境下，像papi酱这样具有个人品牌价值的内容创业者被推上时代风口也不足为奇。

3. 大批内容创业者加速内容创业潮流

内容创业并不是一个新鲜词汇，因为早在罗振宇创办短视频脱口秀《罗辑思维》之初，内容创业就已经成为部分内容创作者的希望。2015年9月，马东离职爱奇艺，率领《奇葩说》团队创办独立的内容制作公司米未传媒，开始打造原创内容；2015年10月，罗辑思维完成B轮融资，估值13.2亿元人民币，成为内容创作者的模范；2016年1月，国内移动音频网站喜马拉雅FM与新榜达成内容创业战略合作；优酷也在2016年3月10日宣布2016年将投入100亿元打造付费内容，并计划在当年推出超过50部会员定制剧。

由此可见，内容创业已经成为各大媒体平台以及内容创作者的一个趋势、一个方向。与此同时，个人品牌、版权保护、原创内容产业都是附加产物。在这种大环境里，papi酱只是内容创业的一个表现，其存在就像小草破土而出提醒我们春天来了一样，papi酱在提醒我们内容创业时代就要来了。

1.6.2 解密papi酱文案的写作技巧

作为内容创业的一个成功典范，papi酱只是舞台上的一个演员，演绎着团队持续内容生产的才华。56微播江湖、飞碟说以及万合天宜都曾经运用这种模式，为什么唯独papi酱火了呢？上面我们说了时代风口的推动，下面我们从文案内容的角度谈一下papi酱文案的写作技巧。如图1-17所示，我们分五个方面谈。

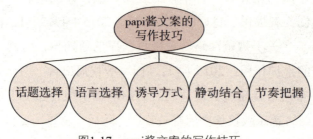

图1-17　papi酱文案的写作技巧

1. 话题选择

自媒体以及主播们每天都在思考的三件事情就是说什么、怎么说、说得怎么样。要想让粉丝乐意买单，关键是选择他们关心的内容说，让他们愿意加入互动，写和演都是如此，这就是话题的选择。

papi酱所说的内容定位于80后和90后人群，大多是他们生活中、职场中已经发生的、正在发生的以及未来将会发生的事情，所以具有很高的关注度和认同感。另外，papi酱所说的内容大多针对批判性强、适合传播的问题，因此，总是能够引爆传播。

2. 语言选择

papi酱的语言选择艺术值得推敲，几乎每三句话就有一个小高潮。papi酱善于使用电单、自讼、口语等技巧，而且剪辑非常到位。每次拿到对白台本，papi酱都会综合联系多元素角色，测试场景扮演，挑战不同条件下的身份转换。在实际运用中，papi酱多用短句、陈述句、缩写词、简单词，发音变化以及拼写倒置等技巧都给人耳目一新的感觉。尽管这种支离破碎的网络语言不是papi酱创造的，但是她把这种语言的效果发挥到了极致。

3. 诱导方式

在每一个视频中，papi酱都会使用"我是papi酱，一个集美貌与才华于一身的女子"进行总结式的诱导。这种总结非常自然，容易让观众接受，大多数观众都会顺着情绪引导，进入完整角色的过渡。另外，像"当时就懵的我……"这种插入式的评论引导代替了读者的思考，往往能给人留下深刻印象。

4. 静动结合

在所有的视频中，papi酱永远都处于兴奋的状态，情绪点极高。就像田径运动员在比赛过程中思考对手的追赶一样，是一种高速的类似黑客帝国的快速思维状态。这种思维具有敏捷、快速、创新等特点，在我们普通人的生活和工作中非常少见。因此，这种状态下的人往往可以超常发挥，收效远远超过预期。

5. 节奏把握

papi酱非常善于把控节奏，总是能够在视频刚开始的几分钟内让大家快速进入话题场景。papi酱快速的语速常常让观众还来不及思考，就跟随她转换话题。在话题转换的过程中，papi酱还会制造悬念，让大家产生兴趣点和紧迫感，这样观众就很容易把思想和感情转移到papi酱个人身上。

有人说："互联网时代的红人都是短暂的，每三秒就有一个新人。"有人说："从互联网思维，到社群，到网红经济，每一个概念都熠熠发光。"不管papi酱的火爆能持续多久，谁都不能否认其品牌策划是一个巨大的成功。

第2章 文案写作中的产品/用户思维

互联网给人们带来的绝不仅仅是传播上的便捷,更重要的是思维方式上的转变,尤其当张小龙这样的"大神"凭借微信取得轰动世界的成功之后,产品/用户思维已经深入人们思考问题的各个层面,在文案写作过程中同样有非常强的运用。希望大家在撰写文案过程中能抛弃传统的那套并不稳定的写作体系,不是凭感觉经验编写,而是凭理性数据编写。

2.1 写文案前如何进行数据分析

兵法云"有备则无患",将人类竞争状态推向极端的战争总结出的经验同样适用于商业竞争之中。我们当然不愿意看到我们面向市场、花费企业成本写出的文案从出生开始就是一个跛脚废品,而要克服这一点,首先便要将文案写作的基础建立在真实可靠的数据分析之上。

2.1.1 市场需求研究

经济学研究中已经讲得很明白,想要得到市场的快速认可,你最需要做的便是提供满足市场需求的商品,如果供给与需求南辕北辙,那最终做的只能是无用功。

先举一小例子,脑白金的广告语"今年过节不收礼,收礼还收脑白金"在中国可谓妇孺皆知、耳熟能详,可以说,脑白金已经成为中国礼品市场的第一代表。作为单一品种的保健品,脑白金以极短的时间迅速打入市场,并取得骄人的成绩,成为引领我国保健品行业的龙头企业,其成功的最主要因素在于抓住了产品的市场需求。

在我国,逢年过节会送礼,看望亲友、公关活动等都会涉及送礼,礼品市场十分广阔。而睡眠问题一直是困扰中老年人的难题,据资料统计,国内至少有70%的妇女存在睡眠不足的问题,90%的老年人经常睡不好觉。治疗睡眠问题的市场十分广阔。脑白金抓住礼品市场的需求,找到了市场的需求点,将产品打造成礼品,迎合了市场,最终获得了产品营销推广的成功。

所以,市场需求在产品的营销推广中占有十分重要的地位,市场需求预测对文案策划的帮助也就不言而喻了。下面我们就来学习一下市场需求预测的相关知识。

市场需求预测是在营销调研的基础上，运用科学的理论和方法，对未来一定时期的市场需求量及影响需求诸多因素进行分析研究，寻找市场需求发展变化的规律，为文案策划人员提供市场定位文案所需的预测性信息。

对产品生产者来说，每款产品在生产之前，都需要做一些调查。比如，用户哪些需求还没有被满足；哪些功能是哪类用户所需的，这类用户占比是多少……通过一些数据分析，文案策划人员才能将这些数字作为有力的论据，在创作市场定位文案时，让数据为产品说话。那么如何才能准确地进行市场需求预测呢？市场需求预测的具体做法如图2-1所示。

> 1. 广泛收集资料
>
> 2. 分析总结收集的资料
>
> 3. 计算生成市场需求预测报告

图2-1　市场需求的预测的流程

1. 广泛收集资料

市场需求预测的前提是有足够充分的市场信息资料以及与目标用户群有关的各方面数据和资料，制作出"用户画像"，了解用户信息，进而找出需求相关的信息，比如，用户最大的需求在哪里，各类需求占比，各类用户的占比情况等。

总之，收集资料是市场需求预测工作的重要环节，在收集材料时，免不了要做一些市场调查，这些市场调查材料是做市场需求预测的一个重要信息来源。为了让市场需求预测更精准，凡是影响市场供求发展的资料都应尽可能地收集，而且资料收集得越广泛、越全面，预测的准确程度就能越高。

2. 分析总结收集的资料

收集完各类市场需求资料后，接下来需要做的就是对资料的分析、判断。一般会采用制表的方式，将资料列出表格，制成图形，以便直观地进行数据的对比分析，观察市场活动规律。

另外，在对收集到的资料进行分析判断的过程中，选择预测方法要根据预测的目的和掌握的资料来决定。各种预测方法有不同的特点，适用于不同的市场情况。一般而言，掌握的资料少、时间紧，预测的准确程度要求低，可选用定性预测方法；掌握的资料丰富、时间充裕，可选用定量预测方法。在预测过程中，应尽可能地选用几种不同的预测方法，以便互相比较，验证其结果。

3. 计算生成市场需求预测报告

在分析总结资料后，就进入了市场需求预测核心工作的最后一步，计算预测结果，生成预测报告。在这一过程中，需要参与人员进行认真细致的计算，来保证预测报告的准确性。

为了让文案策划人员掌握更精准的一手资料，市场需求预测报告制作完成后，最好要对报告结果进行检验和论证，只有经过多方面的评价和检验，这份报告的准确性和实用性才有保证。

一份有价值的市场需求预测报告对文案策划人员来说意义重大，因为他们可以参考报告上的数据信息，找出突破口，从而做出一份有参考价值的市场定位文案。

2.1.2 巧妙利用产品价格

众所周知，商品价格的变动会影响商品的需求。虽然商品定价是经过全盘考虑确定的，在文案写作中我们并不能改变商品的售价，但文案写作中能做到的是，通过选择性表达巧妙利用商品价格给浏览者带来的感受实现文案转化率、传播率的提升。

如图2-2所示是"99元听歌神器，小米活塞耳机"的文案，小米产品历来主打高性价比优势，这款耳机同样也不例外。本篇文案也率先在广告词中突出产品价格，一款活塞耳机仅售99元，"99元"不算太贵，学生群体可以接受。而且耳机的用途还很广泛，用户可以用耳机听音乐、打电话、看视频、视频聊天等，所以，几乎所有拥有智能手机的人都有耳机，特别是对那些喜欢听音乐的人来说，一个性价比高的耳机是他们疯狂追捧的对象。

图2-2　小米活塞耳机文案

在小米活塞耳机的宣传文案中，将产品的价格明明白白地标出来，并且强调耳机的"铝合金材质，钻石切割工艺"，同时放上了一张产品剖面图，突出产品"钻石切割工艺"的高超工艺水准，让消费者清楚地看到耳机的性价比。

这款小米活塞耳机重新定义了"听歌神器"，采用了"三明治振膜"金属复合技术，拥有出色的高保真音质、全新升级的解析力、精密的结构设计，并于2015年荣获了工业设计界的"奥斯卡"奖——红点奖。如此高性价比的产品，而且价格又能让普通大众接受，当然能受到市场的欢迎。

当然，主打性价比、售价也仅有99元的小米耳机在文案中自然要突出价格，而同样是耳机，立足高端市场、向来售价不菲的beats耳机会把售价写在文案上面吗？当然不会，因为售价太高了，容易吓跑消费者。

可你越不提，这往往越容易成为你的软肋。尽管自己售价同样不低，可如图2-3所示，COOLHEAR耳机在文案中便通过以beats耳机做靶子，"买个耳机两千块，为了LoGo掏八百"来说明自己的优势"不当冤大头，买我的都是内行人"。结果这样一表达，本来比小米耳机贵得多的COOLHEAR耳机也成了既有品质又有价格优势的商品。

图2-3　COOLHEAR耳机文案

通过以上这两个例子，我们可以看出利用文案手段对商品价格给顾客造成的感觉加以影响是行得通的，也是在撰写文案时应具备的基本功，一个优秀的文案策划人员应具备对价格的预测能力，主要有以下两种方法。

1. 根据时空变化预测

在对产品的市场价格预测时，要讲究策略和方法。要根据时空变化来预测市场的价格，即以实证分析产品为基础，增强对比分析、关联分析，并且在定性分析的基础上强化定量分析。同时还要不断总结研究价格监测工作的经验和规律，以提升理论水平，进而用理论指导实践，为产品的价格预测提供方法和策略。

2. 把握价格变化之间的联系

在进行文案策划时，策划人员都懂得"价格预测的结果是为发现市场变动规律、规避风险服务的"。因此，在预测价格时，把握价格变化之间的联系十分重要，把握好产品价格的变化预兆、变化的原因、变化动向、变化趋势、变化时点、变化的结果、变化的影响、变化的关联领域，将这些变化的因素看成一个整体串联起来，就能够将价格变化的内在联系弄清楚、搞明白，在预测市场价格变化时，就可以很好地把握市场的规律，预测出产品的未来市场价格。

2.2 目标用户分析

文案最终的传播都是要面向终端消费者的，所以我们光研究市场数据是远远不够的，还要重点分析目标用户的各种想法、行为、习惯，对用户做调查，建立详细的"用户画像"。只有这样，才能写出打动用户的文案。

2.2.1 用户行为调查

2015年在腾讯全球合作伙伴大会（互联网+微信）的分论坛上，微信官方

第一次公开了微信用户数据,其数据如下:

(1) 60% 微信用户是年轻人(15~29岁)。

(2) 年轻人平均有128个好友;工作后好友会增加20%。

(3) 58%的异地通话是年轻人。

(4) 年轻人购物高峰是在早上的10点和晚上的10点。

(5) 在城市渗透率方面,一线城市渗透率达到93%,二线城市为69%。在三到五线城市,渗透率不到50%,仍然存在较大的增长空间。

(6) 用户活跃高峰相比2014年的晚上10点30分提前到了10点。

(7) 用户分类上:90后爱看娱乐八卦,70后、80后喜欢看国家大事,60后热衷于鸡汤文化。

以上是微信官方对目标用户的行为调查结果,也是对目标用户的用户画像,其中运用大数据的手段分析了用户的信息,制作出用户画像,对产品的研发和宣传运营推广起了重要的参考作用。

同样,在文案策划中,目标用户分析中的用户行为调查占有十分重要的作用,下面就介绍几种用户行为调查的方法,如图2-4所示。

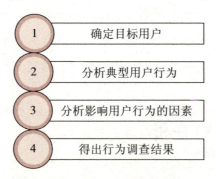

图2-4 用户行为调查的方法

1. 确定目标用户

确定产品的目标用户是写作文案的第一步,所以,在策划中,首先要对产品的目标用户进行系统、全面的了解。在确定目标用户时,要分清产品的主要用户群和次要用户群,找到产品的主要用户群,筛选出其中重要的、具有代表性的用户,画出他们的画像,包括他们的年龄、喜好和对产品的使用习惯和建议等。掌握了这些信息，就能分析出产品的哪些功能或是特性是用户需要的了。

2. 分析典型用户行为

在确定产品的目标用户后，就要找出典型用户行为，从用户的使用行为中找出最具代表性的行为，不能只取小部分的结果来代表多数的用户，否则会出现数据不准确、用户行为不具代表性的结果。所以，在寻找典型用户行为时，要将产品的目标用户进行分类汇总，从多个方面分析、总结其中的用户典型行为，为文案的策划提供更真实的信息依据。

3. 分析影响用户行为的因素

在文案策划中，找到产品宣传的亮点是重中之重，如雀氏纸尿裤的文案宣传语"天才第一步，雀氏纸尿裤"就是将产品目标用户对宝宝的期望放大，找到了影响产品目标用户行为的因素，进而将这一因素扩大，制作出了让目标用户满意的文案。

所以，在进行文案策划时，要对影响目标用户行为的因素进行细致全面的分析，找出其中的转变，抓住用户的需求点，直击用户痛点，找到文案策划的亮点。

4. 得出行为调查结果

最后一步就是得出行为调查结果，将调查结果作为文案策划的参考。需要大家注意的是，在策划文案时，不能仅仅依靠得出的目标用户调查结果，因为随着市场的变化和消费趋势的改变，有些调查结果可能并不能准确地预测未来的产品走向。所以，文案策划者在使用用户行为调查结果时要有所考量。

2.2.2 聆听用户的内心诉求

随着时代的发展，现在人们的心理需求不再像几十年前那样，只要吃饱穿暖就可以了，他们现在更多的是想要精神上、情感上的满足，注重的是体验经济、情感经济，因此，你的文案不仅要吸引他们的眼球，还要打动他们的心。

有人说："好的文案犹如最懂得人心的心理学家，能够把你想表达的东西，明白无误地表达出来。"下面分享一个长城葡萄酒的产品文案，其文案标题为《三毫米的旅程，一颗好葡萄要走十年》，正文内容如下：

三毫米，瓶壁外面到里面的距离。

不是每颗葡萄，都有资格踏上这三毫米的旅程。

它必是葡萄园中的贵族，占据区区几平方公里的沙砾土地。

坡地的方位像为它精心计量过，刚好能迎上远道而来的季风。

它小时候，没遇到一场霜冻和冷雨；

旺盛的青春期，碰上十几年最好的太阳；

临近成熟，没有雨水冲淡它酝酿已久的糖分；

甚至山雀也从未打它的主意。

摘了三十五年葡萄的老工人，

耐心地等到糖分和酸度完全平衡的一刻才把它摘下。

酒庄里最德高望重的酿酒师，每个环节都要亲手控制，小心翼翼。

而现在，一切光环都被隔绝在外。

黑暗、潮湿的地窖里，葡萄要完成最后三毫米的推进。

天堂并非遥不可及，再走十年而已。

首先，这则文案的标题就特别吸引人，"三毫米""走十年"，这引起了很多人的好奇，正文对这"三毫米的旅程"做了细致、饱含感情的描述，能深深打动读者的心，让他们有一种想要品尝一下的冲动。这也就达到了文案的最高境界——在无声无息中激发消费者的购买行为。

写广告文案其实就是做销售，销售这一行没有一个固定不变的规则，不过，在文案界却有一条永远打不破的金科玉律：在你铆足全力做文案之前，得先做好功课——彻底了解消费者心理。作为销售员要学会读懂消费者的心理，这样你才能知道消费者在想什么，你能做什么。聪明的文案创作者总能洞察消费者的心理，然后再"对症下药"，用文字征服消费者。为了达到这种地步，你一定要掌握一些必备的心理"显规则"。那么消费者心理具体有哪几种类型呢？其内容如图2-5所示。

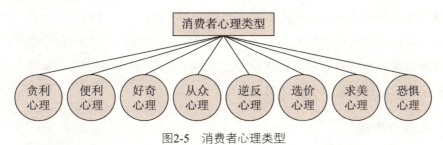

图2-5　消费者心理类型

1. 贪利心理

"贪利"是人性的弱点，每个人都有，只是程度不同而已。举几个很常见的例子，比如，超市的产品打折能吸引更多的消费者，扫码送饮料让很多人围着"扫"，让利会让老消费者更动心，赠品丰富会增加新消费者的数量……这就是人贪利的消费心理。写文案时，你要有效利用人贪利的心理，特别是在写促销活动文案时，让消费者看到"打折让利"的字样；满足了他们的这种心理，消费者自然会购买你宣传的产品。

2. 便利心理

目前，各大超市、商城等场所都在极力为消费者提供一切便利。例如，以消费者为中心的翠微大厦更是推出了"家人式服务"。比如，在翠微大厦商场里设置了低位收银台，试衣间内摆放了防滑垫和一高一低两双拖鞋，洗手间里有婴儿打理台，还有盲人专用的客梯等便利服务。几年来，翠微大厦主动改进的服务细节达150项。翠微大厦正是由于为消费者提供了很大的便利，因此很多消费者都愿意来这里买东西。从这一点可以看出，消费者都有一种崇尚便利的心理，所以，你在写文案时，要突出"便利"，这样才能吸引到消费者。

3. 好奇心理

人人都有好奇心理，假如你在马路上看到一群人正围着一个东西在看，你也会忍不住过去看看；假如你在商场中看到一则非常有趣的宣传文案，你也会驻足，好奇心促使你去尝试。好奇是人之本性，对自己不了解的事物总是想了解但是又怕冒风险，这就是人的本能想法。因为人天生具备好奇心理，所以商家的促销活动也设计得离奇古怪，越来越新奇，以激发人们的好奇心理，增加客源数量。既然消费者都喜欢新奇，那么你在文案中也要突出"新奇"等类似的字眼，这样才能吸引到消费者。

4. 从众心理

消费者买东西有个奇怪的现象：如果某件东西有很多人买，这时就会有很多人过去凑热闹，但如果某件产品无人问津，那么很少有人去光顾，这就是从众心理。所以，你在写文案的时候要抓住消费者的这种心理，把产品的"百万销量"等字眼添加到你的文案内容里。

5. 逆反心理

逆反心理也是几乎人人都有的，只是略有差异而已。所以，不考虑消费者的感受，强买强卖的生意是没有办法成功的。在销售过程中，对于消费者要不失热情又不让消费者感到有压力，留有一定的空间又不能让消费者感到受冷落。消费者就是这样奇怪，你不理他，他很不高兴；你太热情，他又会有压力。所以，你在写文案的时候，对于消费者的逆反心理要把握好尺度，既不冷也不热，既不远也不近，切忌用要挟的口吻来"逼"消费者买你所宣传的产品。

6. 选价心理

选价心理是指消费者在选择产品时，对价格方面会特殊关注。"便宜至上"的价格取向一直都是消费者的"心头好"，如果商家想要主推一批599元的连衣裙，最好的办法是什么？一位资深销售经理说："在这条连衣裙旁边放一条标价为1799元的相近款式连衣裙，两者价格一对比，消费者纷纷买单，屡试不爽。"从这个例子可以看出，如果产品本身不便宜，那就创造出便宜的感觉来，这正是一种"心理战术"。写文案也是一样，找准一个参照物，让参照物为你宣传的产品说话，这样比你用长篇大论的文字更加有效果。

7. 求美心理

常言道："爱美之心，人皆有之。"追求美也是人人都有的一种心理。在销售活动中，求美心理是指消费者在购买产品时追求美好事物的心理倾向。有求美心理的人往往喜欢追求产品的欣赏价值和艺术价值，以中青年妇女和文艺界人士居多，而且在经济较为发达的国家也比较普遍。这些消费者在挑选产品时往往注重产品本身的造型、色彩、工艺等，会注重产品对环境的装饰、对人体的美化，以便达到艺术欣赏和精神享受的目的。所以，在写文案时，你要注意措辞，让消费者读后感觉很美好。

8. 恐惧心理

消费者购物时一般都有一个误区：店面装修得好，里面的产品价格肯定高。这就导致一些装修非常豪华、看上去富丽堂皇的店铺，即使店铺的产品价格并不高，生意也不怎么好。因为对大部分的工薪阶层来说，看到这么"高大上"的店铺，他们的第一感觉就是"像我这样的工薪阶层消费不起"，所以他们一般不敢去光顾，这就是恐惧心理。消费者的恐惧心理来自信息的不对称，而且他们担心价格太高买不起，伤自尊没面子。这就导致很少的人光顾这家店铺，而且人越少，消费者的恐惧心理越强烈。

总之，消费者不是一个一按按钮就会发动的机器，忽略了消费者的内心世界，忽略了对消费者的预期反应做判断，很可能你的作品会被否定。广告公司依赖于消费者而生存，争取消费者，维系消费者，甚至在适当的时候拒绝消费者，都是一门大的学问。消费者不同，文案内容往往也不同，而吸引消费者的除了文案内容外，还包括与你交流的愉快程度、双方合作的对等性，以及带来的经济效益和社会效益。

2.2.3 "发烧友"的世界你要懂

对文案创作者来说，要写出让读者"爽"的文案，就要有犀利的洞察力。例如，有一款耳机，其包装盒上有一则Dr. Dre写的文案，标题为：People aren't hearing all the music. 对一般人来说，这则文案的吸引力可能不是太大，但对于喜欢玩耳机的"发烧友"来说，它就是自己的知音。

对于不玩耳机的人来说，耳机只要能听得清，没有杂音就好了。但对于耳机"发烧友"来说，他们就会有很多讲究，比如什么三频、女声、解析力等很多指标。这些指标对一般人来说，他们肯定是辨别不出来的，但对耳机发烧友来说这些指标真的有！而且很重要！他们不但听得出声音的细节，还特欣赏制作人置入的"彩蛋"。当耳机"发烧友"听到"Without Me"时，他们会时不时听到怪叫、电锯声、钢琴快弹，他们觉得这些声音很有趣；当耳机"发烧友"听到"8 Miles And Running"这首歌的前奏时，他们会听到一辆摩托车呼啸而过，马达声从左耳冲到右耳，感觉身临其境。但对有些人来说，他们有时会"听不到"这些所谓的"彩蛋"，有时即使听到也没有感觉。

当耳机"发烧友"非常兴奋地把他们听到的这些奇妙的东西告诉周围的"一般人"时，这些人一点都不觉得有趣，这就会让"发烧友"觉得自己很孤独。但是当他们看到这则耳机包装盒上Dr. Dre说"People aren't hearing all the music"时，这些"发烧友"就会深有感触，他们就会非常喜欢这篇文案。

还有一个让很多人喜欢的广告文案——佳能（Canon）相机制作的一则名为"Shoot My Best"的电视广告文案。通常相机广告的焦点会落在相机本身的高性能或被拍摄者的愉悦感上，而佳能这支主题为"Shoot My Best"的2分钟短视频广告，却聚焦在了拍摄者的摄影姿势上。

他们先是描述摄影爱好者为了拍照做的各种"蠢事"：有扮成大白鹅潜伏在水上的，躺在众人脚下的，小心翼翼接近老虎的，戴着安全帽爬上屋顶的……还有在野外寒夜烤火的，过山车上尖叫的……各有各的搞怪，却都捧着一台佳能相机。相信很多人看到这些依次登场的摄影师的"丑态"时，都会忍不住捧腹大笑。

在大家都为这些"丑态"百出的摄影师大笑不已时，视频就进入了高潮，刚才的一切也都有了答案。一张张精彩的照片出现了，比如，水面展翅的真白鹅、分享喜悦的一圈笑脸、"萌萌哒"林中之王、飞翔的女巫和超人……璀璨的星空、过山车上的女孩……视频的最后1/4让观众明白了原来辛苦的他们正是为了这一张张珍贵的照片，或者应该说每张精彩的照片背后都有一位努力的摄影师。

在视频的最后，荧幕上打出了"for your passion"（为了你的激情）。不错，除了照片中的那些人充满激情以外，还有那些表面冷静、沉稳而心中狂野的摄影师。很多喜欢摄影的人会为了拍一张满意的照片而长途跋涉，甚至还会冒着生命危险。曾有一位喜欢摄影的报社记者凌晨爬起来就赶赴车祸现场，当他看到两辆车翻倒，还在着火时，他的第一个念头就是这个画面太棒了，然后不管三七二十一冲上去各种角度一通咔嚓。在津津有味地欣赏自己作品之余，他才惊醒，这车会不会爆炸啊？这就是"发烧友"级别的热爱。我相信很多热爱摄影的人看了佳能的这支广告都会尖叫"啊！这种傻事我也干过"！佳能就是通过犀利的洞察方式，让消费者和品牌之间建立起共鸣。

如今"发烧友"一词已经变得不再新鲜，而他们这群人拥有的"Shoot my best！"的这种精神却让人佩服。无论是什么产品，依旧有那么一群"发烧友"，他们非同寻常地痴迷于某件事物，也非同寻常的专业。文案创作者可以以此为切入点，写出能打动"发烧友"的文案，继而通过这群高人去影响"小白"用户。

譬如直接将"为发烧而生"作为企业使命的小米就很会利用文案来"撩"这些"发烧友"们。在发布当时引起轰动的小米2时，为了最大程度上突出二代手机性能翻倍，是全球首款四核手机的核心卖点，小米公司在写文案时对于"快"这一点也想了不少词汇，诸如"唯快不破""性能怪兽"等十几个方案，但最终采用的是如图2-6所示的"小米手机就是快"，直接、简单粗暴的大白话，很适合小米彼时以"理工男"为主的受众口味。

图2-6 "小米手机就是快"宣传图

我们在前面的章节中也说过，要想写出好文案，文案创作者要去做产品调查、做消费者调研，这些环节是必不可少的，但做了这些调查并不意味着就能写出优秀的文案。我们还需要给消费者一个喜欢文案的理由，这是优秀文案的必要条件。

总之，要想写出一篇好的广告文案，对文案创作者有着方方面面的要求，除了要写得准确、精炼、生动、亲切、幽默这些最基本的要求之外，还要尽可能多地去了解产品特性、使用情境，更重要的就是观察目标消费对象，了解他们的喜好、清楚他们的心理需求，一切的一切都要以消费者为先，这才是文案创作的根本。

2.3 竞争对手文案分析

正所谓"知己知彼，百战不殆"，经过上面"了解自己""了解用户"的两个步骤之后，本节我们还要仔细分析一下对手们，看看那些在市场上已经取得了不错成绩的竞争对手们，他们的文案有何高明之处，又有哪些弱点可以被我们攻破。

2.3.1 找准攻击性方向

在营销文案的撰写中，攻击性文案也是比较常见的一种，这种文案一般是在企业想要开拓市场时撰写的，具有攻击性。文案撰写出来，需要达成企业的强势宣传，提高产品的市场占有率，并且在消费者的心中留下深刻的印象。

下面先来看两个以价格战取胜的案例，通过案例的分析能够帮助大家学习和掌握攻击性价格定位文案的撰写知识和技能。

20世纪90年代，美国航空业业绩下滑严重，出现了连续亏损的情况。仅仅1992年一年就亏损了20亿美元。在这场美国航空业的危机中，业界的三个较具规模的公司相继倒闭，其他的小规模航空公司也是勉强支撑。

但是在这种情况下，出现了一个令人不解的现象，美国的一家规模不算很大的航空公司——西南航空公司，它的企业营业利润率和增长率却保持着坚挺的态势。仅仅在1992年，它的营业额就增长了25%，其取得的业绩十分令人羡慕。它成功的原因，其实就是它采取了低价的攻势，将其售卖的产品和服务进行攻击性价格定位，获得了市场和消费者的认可。

具体分析美国西南航空公司的定价策略，我们可以发现它在与同行业进行价格战时，采取了降低成本的攻击性价格定位策略。事实上，在美国的航空业中，压低成本已经不再是价格竞争中占有优势的方法了，因为当时的美国航空业，已经属于利润偏低的行业，如果想要在利润并不高的情况下继续降低其航空运输的成本是非常困难的，所以航空公司必须从众多细节之处进行改进。

西南航空公司总经理凯勒赫曾经对自身的低价策略做出评价："我们不是和飞机比赛，和我们竞争的是汽车。我们制订票价要针对福特、通用、尼桑、丰田这样的汽车制造商。公路早就有了，但那是在地上，而我们把高速公路搬到了天上。"所以西南航空公司在激烈的市场中找到了企业生存和发展的方法和途径。

西南航空公司在运营过程中，为了使公司盈利，制定了攻击性的价格战略。为了实施这一战略，它采取了一系列降低成本的措施，如在飞行时间里为了节省餐费，不向乘客提供正餐，而是以花生与饮料代替；在预订飞机座位时，采取不对号入座的方法，乘客需要抓紧时间赶快登机，来获得自己想要的座位，这一措施使西南航空公司的登机时间减少到了最低限度，既节省了乘客出行的时间，又节省了航空公司的航班运行时间，从而使航空公司能够多安排几班航班，获得更多的机票收入。

大家也许会产生疑问，西南航空公司采取的这些措施降低了服务的质量，为何在最后又获得了较高的营业收入？其实单单从表面上看，这些措施产生的直接结果是服务质量的降低。但实质上却不是的，因为在航空公司的运营上，服务质量越高就意味着成本越高。相反，如果服务质量降低就能带来成本的大幅度下降，从这一层面上看，其运营还是有效的。

至于服务质量降低带来的损失，在低廉的飞行价格面前，消费者是可以接受的。而且，因为西南航空公司的主营业务大部分是短途航班，所以消费者还是能够接受的。

从美国西南航空公司的低价策略来看，极具进攻性的价格定位确实对企业的发展产生了显著的增收效果。可见低价是进攻性价格定位中的一大有效方法。除了通过降低价格的方法外，在企业竞争中提高产品的价格来让竞争对手产生压力的方法也是攻击性价格定位的一大方法。

2016年9月底，360Q5 Plus安全体验沙龙在深圳举办。在品鉴会开始时，360手机代表刘俊伟向与会人员进行360Q5 Plus展示时曾说："这个手机真正能给你带来在安全方面跟别人不一样的东西。"将360手机强大的安全性能向在场嘉宾做了详细的说明。

360除了在沙龙中推荐手机新产品外，在2017年内部年会中也曾推荐手机行业的新品。2017年2月12日，360举行了无线精英内部年会，在其抽奖环节，360总裁周鸿祎曾说："明年年会奖品好发了，大家一定更加兴奋，因为我们做了新手机，一部就得5000块。"这一消息让参会的员工为之一振。

如果这一消息成为事实，5000元的手机售价就已经超过了目前市面上95%以上的安卓手机，成为国产手机中价格非常高的一款手机。因为华为手机中价格最高的旗舰机价格在3000元左右，小米最贵的一款手机售价未超过2500元，所以，如果360新手机的售价定为5000元，那么此次周鸿祎的新手机就吹响了向手机行业进攻的号角。

长久以来，"期货营销+饥饿营销"的营销模式是大部分厂商经常会采用的模式。但是这一模式存在着许多问题，如这种模式因为手机厂商对产品的上下游供应链有较严格的控制，所以在手机生产与销售的过程中遇到了很多问题，而360手机这一价格高达5000元的手机对其供应链造成了压力，挑战了"期货营销+饥饿营销"的模式，成为典型的攻击性价格。

其实，企业在发展过程中会遇见许多竞争对手，进行价格战是企业比较常见的竞争手段。一般来说，价格战通常被分为主动攻击和被动防御两种，本节就为大家讲解攻击性价格的相关知识，进而帮助大家学习和掌握攻击性价格定位文案的撰写方法，如图2-7所示。

1. 以获利为主要攻击目标

2. 用攻击性价格增加竞争者成本

3. 发挥自身的价格竞争优势

4. 适时进行攻击性价格战

图2-7　在使用攻击性价格战术时需要掌握的知识

1. 以获利为主要攻击目标

在使用攻击性价格战术时，首先要明确战术应用的主要目的就是获利。在市场营销方面有人认为，企业在市场上拥有了比较大的市场占有率就等于企业经营成功了。这种观念其实是错误的，市场占有率当然重要，但是最重要的是企业能够从市场中获得利润，这是企业经营的第一目标。

所以，在进行攻击性价格战时，需要把获利作为主要攻击目标。在文案的撰写中，也应该将获利作为重点来写。

2. 用攻击性价格增加竞争者成本

在攻击性价格的制定中，企业的目的就是通过价格的制定来增加竞争者的成本，进而压缩竞争者的利润，让自身保持较高的竞争力。在撰写此类文案时需要对自身的产品价格和竞争者的产品价格进行详细的分析和研究，找出两者的深层次联系，将其在文案中表达出来，为文案的撰写提供依据。

3. 发挥自身的价格竞争优势

在使用攻击性价格战术时，大家需要找到企业自身的优势作为攻击点，不能按照竞争对手的游戏规则来进攻。这需要大家去调研市场和分析竞争对手，发现市场的需求，找到自身与同类产品的独特优势，将自身的独特优势在文案的撰写中明确地表现出来。

4. 适时进行攻击性价格战

在企业的发展过程中，要适时使用攻击性价格战。因为一般的攻击性价格战都是以低价来对竞争对手进行攻击，所以如果将价格战作为一个长期的策略持续运用，那么必然造成公司财务的损失，进而危害整个公司的运营和发展。

举例来讲，当一些新产品进入市场时，企业通常会采用压低自身利润的方式来打开新市场。虽然这样做会在早期受到市场和消费者的欢迎，但是，随着企业发展，企业会渐渐感觉到自身的实力受到了损害，成本上升，利润降低，企业就会逐渐陷入危机。如果此时将产品提价，就会有很多消费者不接受，转而投向竞争者的怀抱。所以，在进行价格战时，要适时采用攻击性价格战的方法，在文案的撰写中，也应该写出这一方法的局限性，为公司的决策人员提供依据。

2.3.2　对比竞争，让弱势变强势

在撰写对比竞争的文案时，文案人员需要对企业自身和竞争对手进行双向分析，才能全面了解双方的情况，找到自身的竞争优势，从而突出文案的亮点，撰写出精彩的文案。本节就为大家讲解对比竞争文案的撰写知识。

一提起凉茶，想必大家第一时间就会想到加多宝和王老吉，因为它们的宣传工作做得实在是十分到位。下面就为大家讲解一下加多宝和王老吉之间的"爱恨情仇"，帮助大家学习和掌握企业处于对比竞争情况下的文案撰写知识。

"怕上火，喝王老吉""怕上火，喝加多宝"这两句广告语，让有些不明白事情经过的消费者傻傻分不清楚。后来，随着加多宝和王老吉因为品牌之争引发的官司愈演愈烈，社会各界对其都进行了关注，两家的纠纷才得以被更多的人知晓。

自2013年起，王老吉多次将加多宝告上法庭，最后在2016年，这场轰动全国的品牌之战以加多宝败诉为结果最终落下帷幕。2016年7月19日，广东省高级人民法院对王老吉和加多宝之间的"凉茶配方案"作出终审判决，驳回加多宝上诉，维持原判。

很显然，加多宝在连败20次官司之后，又一次败诉。在此之前，加多宝已经相继失去了商标、标志性的红罐包装和"怕上火"广告语等权利。据有

关资料显示，在2013年6月到2016年7月长达3年多的时间里，法院共对广药王老吉与加多宝的8起案件进行了宣判，案件涉及商标、装潢、广告语等多项行为，截至2016年7月，加多宝累计需支付的赔偿已经接近两亿元。

但是正如加多宝在败诉后所发布的文案"对不起，做凉茶世界第一，打官司倒数第一！"一样，加多宝在官司上输了，但是在凉茶这一领域却赚得盆满钵满。据有关资料显示，2013年，加多宝冠名"中国好声音"的广告费用高达两亿元。2016年2月28日，中国食品工业协会发布的权威报告指出：2017年凉茶市场销售收入突破500亿元，其中加多宝以超过260亿元的销售额占据了凉茶市场52.1%的份额。在整个罐装凉茶市场，加多宝以70.6%的销售市场份额位居中国凉茶行业罐装市场第一名，其财力和实力雄厚程度可见一斑。

近几年来，"加多宝和王老吉"之间的凉茶大战受到社会各界的广泛关注，不时爆出的官司和两家频繁的广告、公关营销对战实在是让人想忘记都不行。而在社会将其竞争作为谈资时，加多宝和王老吉两家企业可是从中获利匪浅。经过这系列宣传和营销对战，在社会上成功打响了两个品牌的知名度，几乎垄断了整个凉茶市场，成为凉茶界的实力称霸者。

加多宝的"怕上火，现在喝加多宝。全国销量领先的红罐凉茶改名加多宝，还是原来的配方，还是熟悉的味道，怕上火喝加多宝。""中国每卖10罐凉茶7罐加多宝""加多宝凉茶连续7年荣获'中国饮料第一罐'"等广告虽然被广药相继起诉，但是这些广告也为其产品的销量做了卓越的贡献。

2016年7月，加多宝面对败诉并没有陷入沉默，而是紧随其后推出了"对不起"式的系列广告："对不起，做凉茶世界第一，打官司倒数第一！""对不起，是我们太笨，用了17年的时间才把中国的凉茶做成唯一可以比肩可口可乐的品牌"的广告宣传语，通过网络的迅速传播，成为人们的热议话题，这一文案不但强调了企业自身在凉茶领域的领导者位置，又轻松地化解了此次败诉的不利局面，使加多宝赢得了消费者的同情和支持。

面对加多宝的"对不起"，王老吉迎面对上，推出"没关系"系列文案，如"没关系，是我们要赢，凉茶要卖好，官司也不能输""没关系，是我们太囧，费了17年的时间才懂得祖宗留下的中国凉茶需要自己细心经营"。随着加多宝文案受到广泛关注，王老吉也借势做出回应，并对自身做了宣传。

图2-8 加多宝、王老吉文案大战

加多宝和广药王老吉两家企业之间存在竞争关系，其双方撰写的精彩文案更是可以作为专业文案人员的培训教材，其中有3点很值得我们注意。

1. 重视竞争对手

企业在生存和发展中通常会遇见竞争对手，而且企业想要获得长足的发展就必须让自身的发展优于竞争对手，这样才能让自身的发展立于不败之地，获得更多消费者的认可。

所以，企业需要对竞争对手进行充分的重视，在了解和掌握行业中竞争对手的情况下，寻求企业的长期发展。

需要提醒的是，策划人员重视竞争对手并不是将其看成洪水猛兽，失去勇气，而是正视其发展，细致分析其生存发展的整体情况，进而与自身对比，做好文案的撰写和活动策划工作。

2. 找出双方的优缺点

"知己知彼"方能"百战不殆"，我们只有在掌握和分析竞争对手之后，才能发现自身企业在生存和发展中存在的优势和局限。找到竞争对手的弱点和自身的优点，在文案中针对竞争对手的情况，发挥自身的优势，达到企业宣传的优势。如Uber和神州专车之间的竞争，神州专车在其撰写文案的过程中，发现了Uber存在安全隐患，进而提出自身安全性十足的宣传文案，成功获得了消费者的认可。

所以，企业在面临竞争对手时，找出双方的优缺点有利于战略布局，将对方的产品和企业经营管理方法中的精髓总结出来，加以借鉴和学习，将有助于企业自身的经营和发展。

3. 针对自身优势进行文案撰写

在找出双方的优缺点后，文案人员要对自身的优势有一个深刻的分析，最后针对自身优势进行文案撰写。在加多宝的"对不起"式广告文案中，通过"做凉茶世界第一，打官司倒数第一！"的广告语成功地将自身做凉茶做得好的优势凸显出来，让消费者对其凉茶领导者的品牌形象有更深的印象，从而获得更为巨大的品牌影响力。

这种方式的优点还在于能够巧妙地避开自身弱势，找到宣传的突破点，从而节省人力、物力和财力。所以，文案人员和策划人员可以参考此种方法。

第3章　文案写作技巧详解

在上一章中我们重点讨论了怎样取得合适的文案素材。如今素材已经备齐，我们在第3章中要重点讨论如何通过这些素材写出打动人心的文案，从标题到内容定位、表达方式，再到几种比较常见的文案的写法，本章均会述及。

3.1 如何让文案标题更有吸引力

俗语讲"眼睛是心灵的窗户",那文案的标题便是浏览者认识文案的一个窗口,相当于文案的眼睛。只有当标题能引起浏览者足够的兴趣时,他们才愿意点开文案仔细查看文案的内容,才有后续产生转发、购买行为的可能。

3.1.1 文案标题的4种功能

正如大家熟知的列夫·托尔斯泰的名言"幸福的家庭都是相似的,不幸的家庭各有各的不幸"一样,文案的标题也是"有吸引力的标题都是相似的,没有吸引力的标题各有各的失败之处"。也就是说,选择文案标题是有套路可循的。我们想要写出大家都非常喜欢的文案标题,首先要了解文案标题的如下四种功能。

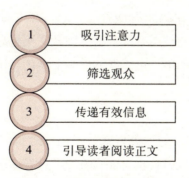

图3-1 文案标题的四种功能

1. 吸引注意力

在网络信息爆炸的当下,人们渐渐形成了对新闻标题的双重态度:一面是对信息敏感，在快速滑动中依然会对信息进行自己的判断，但维持这种判断的时间很短，基本上2秒钟之内不能引起他的兴趣就会被抛弃；另一面则是只要抓住这2秒钟的时间，引起了他的兴趣，他也会迅速将其打开查看其中的内容，如果他觉得非常好的话，还会主动分享到自己的社交网络，帮助传播。

这也就是说，一篇文案能否被读者查看只有2秒钟的时间窗口，而文案标题的第一使命便是死死抓住这2秒钟的机会，通常情况下会采用诸如以下方法：

第一，提供给读者有价值的信息，如"5分钟教你如何烤出美味的马铃薯""男生长期被痘痘坑困扰？别挤，这样做更健康"，这种传授实在的、有价值的经验的标题就很容易引起读者的注意。

第二，提供能更新读者认知的新消息。人总是对未知领域充满好奇，当标题中出现"新的""重大发现"这类字眼时也比较容易吸引人们的注意力。如"新影片教你雕塑迷人的大腿"。

第三，能够调动读者的某些情绪，与读者产生某些共鸣。在网络上很多人都是感性、焦虑、孤独的，他们渴望在情感、价值观上找到能理解自己的人，而如果文案标题能抓住这一点，就很容易引起很多人的共鸣，点击查看自然不是问题了。

2. 筛选观众

凡事都有两面性，反过来看读者没有点击文案进行查看也并不全然是坏事。一篇文案本就不可能被所有人查看，因此文案标题则可以起到筛选目标受众、剔除非目标读者的作用，这样能够增强文案的精准性与转化率。

3. 传递有效信息

在文案界被封神的大卫·奥格威曾提出一个很惊人的观点，他认为根据过往的经验，即使在报纸时代也有80%的读者只看标题而不看正文，到了网络时代这一数字只会上升不会下降。如此，且不论一篇文案是不是"标题党"，标题首先是可以传递有效信息的，能向消费者陈述一个完整的事实，如果看过标题之后不知所云，又有几个人会点击查看详细内容呢？

4. 引导读者阅读正文

当然，文案标题在表述完整信息之余，更重要的作用依然是引导读者阅读正文，毕竟文案不是新闻，正文内容才是它的主题和生存商机。按照约瑟夫·休格曼的观点，文案中所有元素都是在为一个目的而存在——"使读者阅读这篇文案的第一句话"，文案标题显然不会是一个例外。

此外还有很重要的一点需要我们注意，标题除了是给读者看的之外，还是给机器看的，取悦读者的同时还要取悦搜索引擎。我们要知道怎样在标题中安插搜索引擎最欢迎的关键词，从而能够最快地被大家搜索到。

3.1.2　衡量文案标题的4个维度

满足需求产生效用一直是经济学上用来衡量一件事情是否有价值的标准，这个道理同样也适用于考察一个文案标题是否合格，合格的标题必然是给浏览者带来效用的。基于这种想法，我们找到了用于衡量文案标题的4U理论，Urgent（急迫感）、Unique（独特性）、Ultra-SPecific（明确具体）以及Useful（实际益处），只要能经受住这4条标准衡量的文案标题，必然是不错的标题。

1. 急迫感

急迫感简而言之便是给读者一个马上打开的理由，从我们自己在浏览网页的经验中便可以知道，有时候尽管我们对内容有一点兴趣，但由于这样或那样的理由我们并不会马上打开，迟疑一下或者干脆就跳过了，这对文案策划者而言是相当可怕的，因为读者只要一迟疑或者跳过，回来再次查看这条文案的概率微乎其微。

如此，一个好的文案标题必须可以产生让读者点击查看文案内容的急迫感，当然这并不是平白无故就会产生的，需要文案人员给他们一点"动力"。加入时间元素是最常见的手法，在影视剧中我们经常看到"离炸弹爆炸还有三分钟""必须在五分钟之内完成任务"的时间设定,借此来增加这段时间内人物处理事件的紧迫感。文案撰写同样可以借鉴这一点,最简单便是"限时特价"这种促销手段,软文标题上如能加上时间,像"今年在家工作要赚进10万美元"和"在家工作赚进10万美元"之间的对比,效果还是很不一样的。

2. 独特性

"妙笔生花"可能是多数文案人员追求的境界,但不知大家仔细查看过"妙笔生花"一词的含义没有,它并不是指通过文字创造这个世界上原本不存在的食物,而是从一个独特的角度将原本就存在的事物表达出来,让人眼前一亮,心悦诚服。

不过同样重要的是,这个所谓的新视角只是相对于原文案中的旧视角而言的,而这个新视角本身是读者很熟悉的,只不过之前没有人用它观察过你所要推广的产品而已,这样才有被理解的可能。如果一篇文案动不动就从什么笛卡尔坐标系与相对论的角度来讨论产品,视角是新颖了,可没人看得懂还是无用功。

最好的办法还是用读者便于理解的新视角来为产品撰写文案,如将"日本沐浴套装九折优惠"改为"为什么日本女性拥有美丽肌肤"就可以了,高科技在详情页中再提。

3. 明确具体

虽然很多走文艺风的文案确实获得了比较不错的传播效果,但那往往是不具备统计学上的样本意义的。那些文案多是以触动人的情感为营销点,多数在效果预期上也并不是增加产品销量而是增强品牌影响力,所以可以撒开手干,如李宗盛与新百伦合作的《致匠心》《走过的路,每一步都算数》和可口可乐拍过的很多关于非洲儿童的公益广告等,确实都取得了相当强的传播效果。但为增强品牌调性而大量写文案是大企业才能玩得转的手法,小企业是不太适用的。

图3-2 新百伦110周年文案

对于需要提高产品销量的小企业而言，还是少玩调性多写实用的好，尤其对于那些本就主打实用价值、为消费者提供使用产品的文案，直接明确具体卖点是比什么都重要的，毕竟大家都那么忙，除了寻求安慰是没有那么多时间来文艺的，最喜欢的还是诸如"申请退税的最佳时机""迟缴账单免烦恼"这类明确具体的文案标题。

4. 实际益处

好的标题同样还会站在读者的角度来阐述利益，提供给他们实际益处，不过也并不是单单给他们钱或者帮他们省钱，赏心悦目的感受、精挑细选的美妙音乐等都可以带来身心享受，以及能在转发时增发社交货币的文案，都是有实际用处的，只不过衡量的角度略有差异。

好了，有了4U理论之后，我们在撰写文案标题时不妨拿这四条标准来衡量一下自己所写的文案标题，满足一个标准加1分，满分4分。

一般经验告诉我们，很少有文案标题能全面地照顾到所有的4个方面，满足3个U便已经是一个很不错的标题。但如果你的文案标题无法满足至少2个U的标准，那就需要重新思考一下思路了。

3.1.3　9种经典文案标题写作手法

凭借"一条"和"二更"爆红的短视频达人徐沪生曾经讲过一条10万+文案策划团队在取标题时的经验,"有人问我怎样起出1小时破10万+的标题,我的回答也很简单,起100遍标题"!可见,再厉害的文案标题能手也是不断训练出来的。下面这9种文案标题类型也只是为各位提供一个引子,更多还是要依靠各位自身的勤加练习。

1. 如何型标题

如何型文案标题可以算得上是最常见的文案标题类型了,毕竟无论时代怎样变化、人们获取信息的方式怎样改变,人们关注信息的出发点还是没有太大的变化——了解信息、获取知识、消遣时间。

也就是说,虽然人们经常通过上网消遣时间,但大部分人心中还是不愿意浪费时间而是想把时间充分利用起来的,对于能给他们带来一些实用价值的标题还是有非常强烈的点击冲动的。《如何在家做出香气诱人的荔枝肉》便是一个典型的例子,没有人会不喜欢好吃的,即使他(她)并不会做饭也会点进来看一看。

到了工作领域同样如此,像《技术型营销人必看:Airbnb早期是如何用Growth Hack获得更多用户的?》《现代营销人进阶之路:如何从零开始成为营销技术专家》这种带有强烈行业色彩又具有干货性质的标题很容易得到从业者的青睐。

2. 合集型标题

合集型文案标题有时也被称为盘点型标题,它的好处是归纳总结性强,如5点好处、4种方法等,看这一篇文案的价值等于看了其他几篇文案,正好满足读者"懒惰"又"贪得无厌"的心理,而且在标题中读者便能对文案内容有一个很好的预期。

典型的例子如《Airbnb告诉你如何用鸡肋换鸡腿：三种分享型经济的典型案例》，从标题中我们便能知道文章内容讲的是什么，所以它被点击查看的概率就会很高。

3. 带负面词汇的标题

正因为人人都喜欢听好话，所以人们在享受好话恭维的同时，往往也对负面词汇十分敏感，如错误、秘密、警告、千万等。只要看到这些词，人们的注意力便会本能地多停留一秒，而这一秒对于文案标题而言是十分重要的，多一秒便可以增加40%被查看、关注的机会。

典型的例子如《警惕！如果不用这8种方法，你的简历很可能石沉大海》，这种写法是不是比《8个简历制作小技巧》更能吸引到读者的注意力呢？答案是显而易见的。

4. 加一些吸引眼球的词

在标题中加入吸引眼球的词目的很明确：一是让标题更加独特、醒目，二是增强浏览者的情感强度。

比如淘宝宣传文案《火拼双11，购物狂欢节》，标题中有"火拼""狂欢节"这种吸引大众眼球的词。而且淘宝在海报中还用了"热卖""抢"，很容易引发用户的点击欲望。

图3-3　淘宝双11海报

5. 赋予珍贵资源被抢占的感觉

饥饿营销对于优质资源而言有着非常好的效果，好东西人人都想得到，越抢手的东西大家越会蜂拥而上进行抢夺。可能普通公司老板给员工的建议和知名大企业给员工的建议没有太大的不同，但事实上大家都喜欢看"FaceBook内部员工工作指南""华为员工内部成长奥秘"这样的内容，理由很简单，有一种珍贵资源被自家抢占的感觉。

6. 善用双关语和俏皮话

如今段子手已经变成网络上的一种职业，可见大家对于有趣的事物有一定的需求。如果我们在文案标题中也能像段子手那样善于利用双关语、俏皮话和网络热词，同样也可以吸引读者尤其是年轻人的关注，如"当《权力的游戏》遭遇'蠢蠢的死法'，连最悲催的'领便当'也变得萌萌哒"这样的标题，脑洞开得越大，效果越好。

7. 传递简单速成感

大家那么忙，要是能按部就班地去学习就不会通过网络来寻找办法了，大家要的就是简单、速成，所以大家在写文案时，能一篇文案解决的事情千万不要拖到两篇，如《7步教你玩转LoGo设计》与《浅谈LoGo设计（一）》，两者之间的对比已经很明显。

8. 送福利

经常有人调侃抢红包抢到的钱还不够用来买流量的，但大家就是明知道自己抢了半天只会抢到几分钱时还是会去抢，恐怕没有什么更高明的解释理由了，人就是这样被上帝设计的。

所以在文案中我们也要尽量多地向外送福利，常用的有两种方式：一种是直接打上福利标签进行提醒，如《【招聘福利】高端职位专场：新媒体和营销类职位》；另一种则是隐喻福利，如《春节充电：36篇社交媒体和数字营销人荐读文章》，即通过"充电""指南""入门"之类的词语来添加福利。

9. 代入本地化和渠道特性

当文案有非常明确的目标人群时，这种方法的效果最为明显，毕竟人们都会对自己所在地区、职业发生的事情保持很强的敏感性。如让乐纯酸奶成为新零售"网红"的那篇《三里屯从此多了一家价格很奇葩的酸奶公司》，三里屯作为全国知名地段，影响力是可想而知的。

3.1.4　如何对文案标题进行试错

在第2章中我们讨论过利用数据分析来获取文案素材，我们用同样的产品思维看待文案标题时，同样需要利用数据。

互联网产品经理圈中，"小步快跑，试错迭代"是很常见的一种意识，文案标题的优化工作同样需要这点意识。如图3-4所示便是文案人员对推送内容反馈效果的数据统计，我们可以清晰地看出，"百家名企开始2017年春季校园招聘了"这种通知性消息与"必看：揭秘春招拿offer的独家窍门"这条希望通过揭秘来勾起读者好奇心的消息在效果上是明显不如3月15日推送的"3月份是最容易拿到名企offer的"。

标题	日期	发送数	阅读数	原文点击	转发收藏	原文点击率	屏次
百家名企开始2017年春季校园招聘了	2017/3/8		61939	31160		50.31%	2屏
3月份是最容易拿到名企Offer的	2017/3/15		73729	32644		44.28%	1屏
必看：揭密春招拿Offer的独家窍门	2017/3/22		33230	13961		42.01%	1屏

图3-4　不同文案标题数据统计

数字是最不会骗人的，通过数据对比我们可以看出，站在读者视角出发"3月份是最容易拿到名企offer的"的标题之所以能比其他两个标题分别高出1万和3万的阅读量，显然是因为迎合了毕业生在3月份开学之后十分渴望找到工作的心理：连技巧和什么公司在招聘都顾不上了，先拿到offer让自己心里踏实再说，一个最容易拿到offer的时间才是他们最希望得到的。实践证明这种方法很管用之后，可以存进自己的资料库，以后使用起来也十分方便。

当然，可挖掘的部分还有很多。在图3-4中，标红的部分便是试错，假如将"3月份是最容易拿到名企offer的"这条反馈很好的文案换一个发布时间，按照第一条文案的发布日期来发，将第一篇文案变成一屏次，效果又将怎样，这些试错都是非常有价值的。

按照理论而言，文案展现效果如果是一屏次的，即点开之后一个手机屏幕便可以承载全部文案内容，效果是最好的，而每多一屏，读者的耐心便会少一分，看到文案结尾的人也自然会少了许多，像个漏斗一样，每往下走一步，减少的数量不是一星半点。

理论推演中是这样的，但事实真的如此吗？这时便要体现出运营试错的价值了，有些事情不真的去做而靠理论推演显然是不能获得真理的，不同的标题+不同的发布日期+不同的屏次相互组合，只要其中一点有变化便会对最终结果产生非常大的影响。

同样，基于这种想法，我们也可以理解为什么"3月份是最容易拿到名企offer的"这条文案的阅读数据这么好，而原文点击率却落后于"百家名企开始2017年春季校园招聘了"这条文案。因为3月份，大四学生刚刚过完寒假从家中回来，眼见很多同学已经拿到了offer，心中一定是很着急的，此时看到"百家名企"已经开始招聘，岂能不心动，转发出去让更多同学看到也是很正常的事情。

到本节的最后我们可以总结出一条比较明确的优秀文案标题公式"一句话独特卖点=客户想要的结果+限定的时间期限+做不到怎么办"。当然，公式是死的人是活的，可以有无数的变体，既可以是"新鲜出炉的比萨30分钟之内送货上门，否则分文不收"，也可以是"3月份是最容易拿到名企offer的"这样将元素暗含在内。

3.2 文案要让人看得懂

在撰写文案内容时，往往有很多人会不自觉陷入一种自我陶醉的状态，总以为自己这么费心费力写出来的文案，写得很好，表达得很清楚。可一旦推向市场之后，往往就是石沉大海，不见涟漪，事后一调查才知道，绝大多数读者都没有看懂，这就十分尴尬了。

3.2.1 为什么你的文案不错，就是不卖货

能去非洲狩猎

能在海上捕鲨

能上战场立功

能凭一本小说获得普利策奖

还能凭一本小说获得诺贝尔奖

能在飞机失事后大难不死

能在几天后飞机再度失事时再次大难不死

还能在经历无数次死里逃生后一枪打死自己

能被毁灭，但不能被打败

他的名字叫"海明威"

上面是2017年8月锤子科技在2017年的夏季新品发布会上的新品宣传文案，发布会上锤子科技发布了它的新机——坚果手机，搭载Smartisan OS操作系统、内置Qualcomm骁龙615处理器、5.5寸1080p全高清大屏的配置，让人眼前一亮。

在发布会上，坚果手机"漂亮得不像实力派"广告语一出，获得一片叫好声，秒杀了众多的广告人，锤子手机以情怀取胜的文案获得了众多消费者的赞誉，但是纵观它的产品销量，却不如它的文案一样让消费者买账。这就是文案不错，但是产品的销量却不高的案例。

其实，锤子科技的文案一直以来都被广告业界赞赏有加，情怀在心，文字也煽动人心，单从广告文案上来看，确实是十分精彩，但是它的文案并未发挥它的真正的优势，也没有扩大产品的销售量。这就是在制作文案时，策划人员对市场战略的把握没有到位。下面就为大家分析一下有些公司文案不错却不卖货的原因。

一般来说，市场部被分为两种：一种是"取代乙方"的市场部，另一种是"卖货"的市场部。对"取代乙方"的市场部来说，他们文案不错，但是不卖货，这就是本节内容讲到的重点。

大家先来了解一下甲方和乙方的具体含义：甲方一般是指在合同中提出目

标，并且在合同期间，监督乙方是否按照要求满足自身需求的一方；而乙方一般是指完成合同目标，提出如何保证实现目标，并根据完成情况获取收益的一方。

在文案不错却不卖货的原因分析中，我们发现"取代乙方"的市场部在互联网行业中比较多，公司的市场部，文案做得十分精彩，直达人心，广告的创意和拍摄也到位，但是他们就是不卖货。

分析其中最主要的原因，就是不能给用户创造购买的理由。虽然内容做得不错，但是没有将产品的卖点与消费者的购买动机结合起来，就不能促进产品的销售，产品的市场也受到了限制，不能够扩大和延展。

反观"卖货"的市场部，他们之所以能把货卖出去，是因为能够正确运用市场策略，他们的策略是以卖货反推为基础的，更侧重于把货卖出去，而不是通过文案简单地让消费者获知产品信息。

举例来讲，小米Max的大屏手机在市场上的销售逻辑是首先分析产品的目标消费者，哪些人群需要大屏手机以及他们的购买动机，之后再策划文案需要给消费者传递怎样的信息，而且这些信息要有实际的作用，能够让他们付出实际行动，为产品买单。

3.2.2 如何写出逻辑清晰的文案

想要写出人人都看得懂、人人都信服的文案，第一要素并不是用优美的文笔、华丽的辞藻来包装文案，而是要先理清文案整体的逻辑顺序。很难想象一个逻辑不通、前后矛盾的文案能有打动人心的力量，即使文采斐然也很容易在传播过程中被人戳穿。

所谓理清文案逻辑顺序的过程，实际上就是一个将事先准备好的结论和理由有机联系在一起的过程，运用到的主要方法是归纳法和演绎法。

归纳法也被称为并列型，是指同时并列几种不同事实，之后通过在这些事实中找出共同点，进而得出结论的方法，如通过归纳"身高180厘米""八块腹肌+人鱼线""五官如雕塑般精致"等特点，我们可以清晰地得出"吴彦祖非常英俊"的观点。

与归纳法相对的是串联型的演绎法，其中包含着一定的推理过程，将一个事实与其相对应的某个规律进行组合论证，最终得出结论。如通过"吴彦祖是演员""演员会演戏"得出"吴彦祖会演戏"的观点。

不过在具体的文案写作中，应用演绎法相比应用归纳法会更加繁琐，所以通常情况下演绎法应用到软文中的概率更高，而归纳法普遍应用到宣传文案中。

如图3-5所示是Stella luna女鞋的一篇文案，即使在形容鞋的优点时用了很多诸如"美丽的遐想""三维空间的诠释能力""人体工学和航天力学"这些玄而又玄的概念，但如果我们仔细观察文案就可以发现，在这些极具意识流风格的词语中间，始终穿插着非常强的逻辑性。

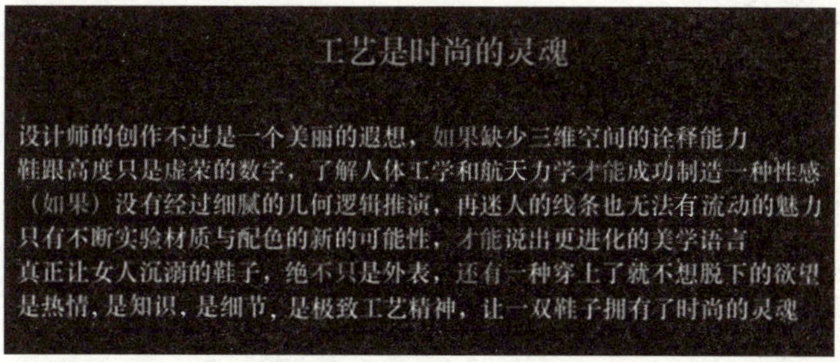

工艺是时尚的灵魂

设计师的创作不过是一个美丽的遐想，如果缺少三维空间的诠释能力
鞋跟高度只是虚荣的数字，了解人体工学和航天力学才能成功制造一种性感
（如果）没有经过细腻的几何逻辑推演，再迷人的线条也无法有流动的魅力
只有不断实验材质与配色的新的可能性，才能说出更进化的美学语言
真正让女人沉溺的鞋子，绝不只是外表，还有一种穿上了就不想脱下的欲望
是热情，是知识，是细节，是极致工艺精神，让一双鞋子拥有了时尚的灵魂

图3-5　Stella luna女鞋文案

正是因为这篇文案在整体逻辑上是完整的、行得通的，才使得文案标题"工艺是时尚的灵魂"不至于"高大上"到虚脱，每一句文案都在支撑着文案的标题，最终让读者认同了Stella luna女鞋的工艺。

当然，并不是每一种逻辑、每一种理由都具有说服力，我们撰写文案时同样需要注意避免以下3种理由不当的情况。它们一旦出现，往往会导致文案逻辑混乱，被消费者找到"漏洞"。

第一，将个人主观看法作为理由而全然不提供数据支持。例如"我非常喜欢，所以相信你们也一定会喜欢"，这是完全没有逻辑基础的理由，罗永浩每次开手机发布会时都会说"我感觉我们这次要成了"，但结果往往都是被实实在在的数据打脸。

第二，换个说法作为理由但实际上在表达重复的意思。如"你之前没有，所以你现在需要有一个了"，这种逻辑看上去挺滑稽的，但仔细看看身边的文案，不少人都在这么写。

第三，因果逻辑过于跳跃。一定程度上的出人意料确实可以给人很好的感觉，但跳一步是天才，跳三步可就是神经质了。譬如这段文案"这款手机拥有256GB超大内存，是送给女友的绝佳礼物"，它可能是想表达女生用手机拍照多、不善于清理缓存，所以用大内存的手机很合适，送给女朋友，她一定会非常喜欢。逻辑和效果上肯定都是没有问题，关键是你要说清。如果改为"这款手机拥有256GB超大内存，可装下一万张高清照片，是送给热爱自拍的女友的绝佳礼物"，将逻辑顺序理顺，显然说服力增强了许多。

3.2.3　用金字塔图梳理文案素材

金字塔图，顾名思义就是通过类似叠加金字塔基的写作工具，将收集来的文案写作素材在大脑中进行有机结合并以某种秩序有机组织起来，最终产生一个层次清晰、突出重点的文案。

1. 把你最想传递的信息作为结论

这有点像做PPT，前面所有的资料呈现、数据展示、理论推演都是在给最后一两页的结论做铺垫。用金字塔图梳理文案素材的过程也是一样的，直接将自己想传递的信息作为结论放在"塔尖"上，之后根据自己想要表达的结论去寻找素材、归纳信息，从用户的角度一步步向前推演，稳扎稳打，同时注意不要跳跃幅度过大，以防止用户在接受信息过程中焦躁。

2. 找到3个作为支撑的理由

金字塔想要稳定，底部的塔基要足够坚实才可以，为文案结论寻找支撑理由同样如此，太少则说服力不强，太多则过于浪费，读者也没有精力记住，最佳的效果便是为文案找到3个支撑的理由。

如图3-6是小米6手机文案的构思过程，典型的3个支撑理由式写法，首先它将文案结论定义为"性能怪兽"，之后顺着这一思路为"性能怪兽"找来了"骁龙835处理器""5.15寸护眼屏""双摄像头"这3个理由，而在这3个理由之下又各自找来3个理由作为补充，诸如"6GB超大内存""600 nit高亮度""2倍ZOOM光学变焦"二级理由来进行说明，性能越来越具象化，形成了一个逻辑清晰的金字塔图。

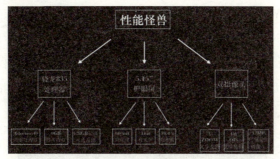

图3-6 小米6文案构思

3.让用户像开箱一样接收信息

在撰写文案内容时也不是理由越充分越好,有时候理由过于繁多也会引起很多人的反感,要懂得留白。

比较好的方式是,在准备了足够多的理由之后,将它们打包分类,归纳为一个个的单元组,让用户在接受过程中非常清晰地知道自己在看哪一部分的信息。这样的过程类似于将你的理由进行打包装箱,用户看文案时像买产品开箱那样非常清楚自己是接触到了哪些信息,这样的文案既一目了然又更容易让人接受。

4. 数字更容易让人信服

相比于文字,数字给人的印象更具理性和说服力,所以在文案中要经常利用数字加以说明。很多经典的文案如"中国每卖10罐凉茶,就有7罐是加多宝""将1000首歌放进你的口袋"都是利用数字来增强文案效果的。

图3-7 加多宝文案

不过用文字表述也可以有很多种形式，除了加多宝这种直接表明销量的方式，还可以像YouTube那样利用类比的方式，"用户每天在平台上观看视频的时长达10亿小时，相当于10万年，而10万年，一束光已经穿越了银河系"。或者像如图3-8所示的Stella luna女鞋文案"多国医疗研究指出，雄性动物看见穿着STELLA LUNA的女人平均心跳高达130次"，将穿着本品牌女鞋的效果化为完全可感受、可量化的数字。

图3-8　Stella luna女鞋文案

再者，对于同样一组数据我们可以通过选择性表达的方式来增强数据的震撼力，如一款产品去年的销售额是40万元，今年上涨到了100万元。如果你写"一年内销售额增加60万元"连一套二线城市的房子都买不了，显然震撼力是不够的，震撼力不足，影响力和传播效果也就谈不上了，但如果你换一种表达方式，将这句话改为"一年内销售额狂增150%"，给人的感受则是完全不同的。

3.3　从用户角度表达产品定位

用户看不懂文案，除了文案本身的逻辑存在问题之外，更重要的是这些文案往往没有从用户的角度来表达产品的定位、优点，用户看不懂或者没有看明白，自然也不会对文案有太多的好感。大家都知道脉动的文案是"随时随地脉动回来"，光看广告词便很有活力，而如果把文案变成"富含维生素C饮料,可为身体补充能量",虽然更科学,但受欢迎程度肯定被甩出两条街。由此可见,从用户的角度来表达产品定位也是文案人员的基本功之一。

3.3.1 功能性定位

产品定位三大技巧之中最常见的就是功能性定位,根据产品的功能进行产品的市场定位,进而找到文案策划的方向和重点。下面就先为大家介绍几种根据产品功能来定位的宣传文案,帮助大家了解产品定位中的功能性定位。

"怕上火,喝加多宝。"加多宝凉茶紧紧抓住自身产品的功能特性,将"降火气"作为产品的宣传卖点,成功将凉茶这一功能性饮料推广到全国各地,让凉茶的概念深入人心。

其实,大家都知道饮料是用来喝的,它的功能是能够解渴,在广告宣传中应该对产品的味道多加强调;但是加多宝不同,它打破传统的功能概念,并没有强调它的口味,反而是强调了降火的作用。加多宝这样做是因为每个人都有过上火的经历,所以加多宝在唤醒消费者上火时的痛苦回忆,将产品打造成预防上火的饮品,再加上强势的广告宣传,将预防上火的功能性凉茶广告做得深入人心。

同样,以"年轻就要醒着拼"为广告宣传语的东鹏特饮,也是运用了功能性定位的方法对自身产品进行了产品定位。

东鹏保健饮品,是国产的一款维生素功能饮料,同时也是抗疲劳保健饮品中的一种,饮料中富含牛磺酸、赖氨酸及多种B族维生素等营养成分,能够为消费者提供充分的营养,快速补充能量。它将自己定位为一款运动维生素饮料,以年龄在18~35岁之间居住在城市的年轻人为主要消费群体,满足他们由于工作需要经常在户外活动的需求。

产品的宣传广告语"年轻就要醒着拼"直指主要消费群体,强调产品能够补充体力的功能,将产品的核心卖点突出出来,获得了良好的市场占有率。

通过上面两则广告案例就可以看出,功能性定位在产品定位中的实际应用,根据自身产品的实际功能进行广告文案的撰写能够帮助产品成功打动消费者的心。举例来说,如果消费者吃火锅上火,他想要降火,除了吃药以外,相信他更喜欢喝降火饮料的方式，那么他就会因为产品的降火功能选择凉茶产品，这就达成了交易。

这就是产品在运用功能性定位进行产品定位的优势，那么在具体的实际操作中，如何通过功能性定位创作出产品定位文案呢？下面为大家讲解一下，如图3-9所示。

图3-9　功能性定位文案创作技巧

1. 分析产品的所有功能

产品在开发过程中，往往会被赋予很多的功能和特点。以微信为例，微信的功能大而全，除了聊天之外，还有许多其他功能。在产品的研发过程中，研发人员并不知道产品的哪项功能最终会受到市场的欢迎，所以他们会尽可能将产品应该有的功能设置进去，以便用户使用。在最终进行宣传时，就会把用户最为关注、市场上最受认可的功能作为产品的宣传点，进而接受消费者和市场的检验。

所以，在创作功能性定位文案时，文案策划人员应先分析产品的所有功能，将其功能进行罗列和总结，进而为找到产品的核心功能做好准备，然后再通过组织语言，创作出功能性定位文案。

2. 找到产品的核心功能

在进行功能性定位时，最重要的就是找到产品的核心功能。所谓功能性定位，就是根据产品的功效来判断它的市场位置。它的着眼点在于产品的功效。通常，一个产品具有多方面的功效，主要功效也可能有许多。

所以，文案策划人员必须积极思考，在文案当中突出产品的哪一方面的功效才能在市场上占据最为有利的位置。只有找到产品的核心功能，才能够突出产品的特点。当产品的某一功能被提起时，消费者就能够自然而然地想起该产品。

3. 考虑产品行业定位特点

一般来说，功能定位分为单一功能定位和多功能定位，两者有着各自的优势和局限性。所以，需要在定位时考虑产品行业定位特点。不同的行业对于产品功能定位有很大的不同，如房地产行业与服装行业，房地产功能定位往往着重于绿色、人性化、科技化等多方面，而服装的功能定位往往比较单一。这就需要文案策划人员在进行功能定位时注意产品行业的转换，根据行业的发展情况做出最精准的产品功能性定位文案。

4. 找准核心消费者

有些产品的消费者和使用者不是同一个人，比如钢琴，一般都是家长给孩子买的，家长希望孩子学习钢琴。对此，山叶钢琴就发布了一则广告：学琴的孩子不会变坏。该广告不是站在使用者的立场介绍钢琴如何好，而是站在大多数消费者的立场，抓住父母教育子女的心态，家长或许不想叫孩子去学琴，但他肯定不希望孩子变坏。这则广告的独到之处就是采用攻心策略，从学钢琴有利于孩子身心成长的角度吸引孩子的父母。这一点的确很有效，父母十分认同山叶的观点，于是购买山叶钢琴就是下一步要做的事情了。这则文案的高明之处就在于此。如今，山叶的这则广告已经成为中国台湾地区最有名的广告语。可见，准确抓住消费者的立场，能给文案带来很多意想不到的效果。

对广告文案来说，它的读者对象是消费者，所以你要想做好这类型的文案，就要站在消费者的立场上思考问题，为他们的利益考虑，他们才会"买账"。其他文案也是一样的，你只有明白读者看文案的立场，才会写出既能获得读者好感，又会吸引越来越多读者口口相传的文案，并让它具有长久的生命力。

3.3.2 品类性定位

品类性定位是产品定位的又一大技巧，在进行文案策划时，根据产品的不同品类将产品划分为不同的类型，能够准确洞悉市场上激烈的产品竞争，找对文案的宣传分类。

不同品类的产品有不同的特点，有不同的宣传方式，所以在策划相关产品的文案时，要做好产品的品类定位。天猫和聚美优品的定位就是两种不同的形式，所以他们在宣传时所用的文案有着很大的区别。下面就以这两种产品为例，讲解一下品类定位的相关知识。

每年的天猫双十一购物狂欢节，广大网购同胞都要开启"剁手"模式。"上天猫，就购了"，一句简单明了的广告词，让广大网购消费者深刻体会到天猫网上购物平台的方便性和产品的丰富性。正是得益于网购宣传简洁明了的文案，天猫众多商家的营业额在每年的双十一当天迅速飙升。

据统计，2015年"双十一"在11月11日0点正式开始，在72秒时，淘宝天猫平台的在线交易额突破10亿元；1分45秒跨境贸易成交额超过2014年"双十一"全天；12分28秒，交易额突破100亿元。天猫官方微博在1：30左右发布的消息称，"天猫双十一交易额已经超300亿元，并创下多项纪录，同时在线峰值达4500万人，很多品牌销售超过60%甚至售罄。"

清晰的网购平台定位让天猫在众多网购平台中脱颖而出，这就是品类定位的优势所在。

聚美优品相比于天猫，有完全不同的宣传文案。聚美优品与天猫"大而全"的网上商城定位不同，它将自身定位为女性美妆行业的电商交易平台，只做女性美妆的生意，"小而精"。这样的品类性定位方法让聚美优品从天猫等一众网购平台中顺利生存和发展起来，成为电商美妆行业的龙头企业。

天猫和聚美优品的发展就是品类性定位的集中体现。根据自身的特点进行产品类型的区分，能够将产品的定位更为准确、更符合市场的需求，进而对文案的策划和产品的宣传指明方向。

既然品类性定位的好处多多，那么就为大家讲解两种比较常用的创作品类定位文案的方法，为大家在进行产品的定位时提供借鉴。如图3-10所示。

图3-10　品类定位文案创作方法

1. 聚焦产品品类

在创作品类定位文案时，首先要聚焦产品的品类。将产品的品类分析和研究透彻，才能够进行准确的产品品类定位。围绕产品的一个焦点，聚焦，聚焦，再聚焦，找出产品之间的差异，能够对产品的品类定位提供帮助。

那么，该如何聚焦？焦点又在哪里呢？下面为大家介绍几种具体的方法。

第一种方法是做到最简，少就是多，化繁为简。对产品的特点和功能进行简化，找到产品的核心内涵和功能，就能够找出产品之间的差异，分析出产品所属的品类。例如如家经济连锁酒店和真功夫蒸式快餐。

第二种方法是做深，掌控产品的核心能力、核心价值，在这个领域做强，做大。占领产品行业的最高点，让产品在行业内拥有话语权，就能够将产品的品类定位精准，创作的品类性文案也更有市场价值。

第三种方法是做通，将产品的某一种核心能力与产品应用到不同终端产品与行业当中。如丰田公司在生产汽车发动机的同时，还生产割草机的发动机。能够将产品的品类进行交互融合，找到融合的焦点，就能够为产品的品类定位文案提供足够的经验和素材。

2. 进行品类分化

在进行品类性定位时，可以先对产品的品类进行分化。从消费者的角度出发，寻找产品品类分化的机会，揣摩消费者的消费规律，抓住消费者的"痛点"，才能在市场上形成强势品牌。

其中分化品类一般分为实体分化与虚体分化，两者所涉及的方面不同。实体分化会按产品与服务的功能与功效、种类、大小、品质与档次、成本、特定目标群体、渠道与接触途径等具有理性与客观事实的品类进行分化。

而虚体分化指的是按照消费者对美、智慧、自信等心理、情感与文化感受、价值观等感性与主观认知进行分化的方式，是消费者情感与文化认知对产品与服务的反映。一个优秀的产品定位往往是虚实品类结合的产物，如汽车的宣传文案通常会将省油与环保主张结合起来，将产品的实体分化与虚体分化巧妙地结合起来，突出产品的整体优势，这样的文案才能更有说服力。

3.3.3　差异化定位

差异化定位是指根据产品自身与同类产品的差异进行定位的一种产品定位方法，产品的功效、品质、形象、价格等都可以与其他同类产品进行差异比较，进而向消费者传达产品之间的差异，使消费者对产品、产品的特性、产品的形象等产生固定的联想，能够在谈及某一产品特点时就能很快想到产品。

差异化定位的方法能够让产品的信息准确传达给消费者，在潜在消费者心中占领一个有利的位置，从而让产品的宣传有一个突出的亮点。下面就以手机APP为例，讲解一下差异化定位的相关知识。

今日头条是一款以数据挖掘为基础的推荐引擎产品，它可以根据用户的兴趣、位置等多维度进行个性化推荐，推荐的内容包括新闻热点、娱乐头条、科技动态等。今日头条的口号是"我们不生产新闻，我们是新闻的搬运工"，只统计新闻中最受关注的头条，将其总结和概括出来，让人们关注最有价值的新闻。

据统计，截至2016年5月，今日头条累计激活用户数已经接近4.8亿，4700万的日活跃人数，超过1.25亿的月活跃人数，用户每日人均使用时长超过一个小时。

点开今日头条APP，出现在用户眼前的就是最新的新闻头条。在大数据的精准分析下，今日头条为用户推荐最有价值的新闻。人天生拥有好奇心，从外界获取信息是人的本性，也是人的需求。但是当今社会正处于信息爆炸的时代，如何从众多繁杂的信息中获取最有价值的新闻呢？今日头条就是抓住了这一点，将信息进行过滤，提炼出精华呈现给用户。这就是今日头条的产品定位。

与今日头条不同，网易新闻客户端则是内容涵盖新闻、财经、科技、娱乐、体育等多个资讯类别，它是网易公司旗下的一款移动资讯类APP。网易新闻客户端为手机用户提供全天24小时滚动即时的新闻资讯，除了内容丰富的新闻外，跟帖、图集、投票等功能都受到广大用户的欢迎，其中的"跟帖"更是网易的核心产品，"无跟帖 不新闻"成为网易新闻的特色，使网易新闻也成为有态度的移动客户端。

图3-11 网易跟帖文化

网易新闻的跟帖形式是它的独创形式,这一形式让用户更加有参与感,成功吸引了大量的用户下载客户端。在2015年两会期间,网易新闻客户端主打高端访谈和移动端直播互动两大系列栏目,同时成立"策划小分队",推出了图解新闻系列、独家稿件系列、视频策划系列"两会连连看"等一系列两会报道,通过个性化的生产内容,实时报道两会的情况。无论在数量、深度还是用户互动人数上,都超过了其他门户网站。

从它的产品特色来看,简单、有个性、注重原创、有内容,这是网易新闻客户端的过人之处,也是网易新闻客户端的产品定位。

通过今日头条和网易新闻客户端的对比和分析,大家很容易看出来两者定位的差异化,正是这两者之间的差异化定位让他们拥有了各自的特色,在突出特色的基础上打造成了领域内的精品。

在创作产品定位文案时,大家可以借鉴以上方法,找出自身产品与同类产品之间的差异,进而做出产品的差异化定位文案。

3.3.4 亚马逊的产品定位转变策略

亚马逊公司是美国最大的网络电子商务公司,同时是网络上最早开始经营电子商务的公司之一。亚马逊公司成立于1995年,公司成立之初只经营网络的图书销售业务，经过调整，现在已经成为全球商品品种最多的网上零售商和全球第二大互联网企业。子公司中Alexa Internet、A9、Lab126和互联网电影资料库（IMDb）等都在全球具有重要的影响力。

亚马逊网站为客户提供数以百万种独特新奇的全新、翻新及二手商品，包括图书、影视、音乐、游戏、汽车及工业产品等各种产品。产品丰富、价格合理以及良好的服务使网站受到全球消费者的青睐。

分析亚马逊公司的发展，能够发现它对自身产品定位非常明确，公司在发展过程中，进行了三次大的转变，进而确定了它现在的发展规模。下面就以亚马逊公司不同时期推出的不同产品定位文案（图3-12）为例，讲一下该公司是如何通过产品定位转变运营策略的。

> 1. 定位"地球上最大的书店"
>
> 2. 定位"最大的综合网络零售商"
>
> 3. 定位"最以客户为中心的企业"

图3-12　亚马逊公司不同时期的产品定位文案

1. 定位"地球上最大的书店"

亚马逊公司在成立之初（1994—1997年），为了抢夺市场和消费者，在与线下图书巨头Barnes&Noble、Borders竞争中生存和发展，贝佐斯把亚马逊定位成"地球上最大的书店"。因为网上书店没有货架限制，各式各类的图书都能在上面买到，所以，在那个时代，亚马逊定位成"地球上最大的书店"就毫不夸张，也很容易让消费者接受。所以，不久之后，亚马逊就在消费者心中留下了"买书就去亚马逊"的印象，这成功塑造了公司的品牌形象。

在后来的竞争中，亚马逊凭借其准确的产品定位和一系列正确决策，最终完全确立了最大书店的地位。"地球上最大的书店"这个产品定位文案不夸大其词，又简单易记，为亚马逊的快速发展指明了方向。

2. 定位"最大的综合网络零售商"

在公司的发展过程中，贝佐斯发现网络零售和实体店相比有一个很重要的优势，即网络零售能够为消费者提供更丰富的商品选择。所以，他决定将扩充网站品类，打造综合电商以形成规模效益。

到2000年，亚马逊将宣传口号改为"最大的网络零售商"，完成了产品定位策略的第二次转变，大大促进了亚马逊公司的发展。这是品类定位文案在产品定位中的体现，文案人员在定位产品时要对产品的品类进行分析和研究，这种定位方法同样能够助力公司的发展。

3. 定位"最以客户为中心的企业"

2001年，亚马逊将"最以客户为中心的企业"确立为公司今后努力的目标，公司又一次转变了定位，把客户放到最核心的位置。从2001年起，亚马逊开始大规模推广第三方开放平台并逐步推出网络服务（AWS）Prime服务，2007年开始向第三方卖家提供外包物流服务，使公司走出传统网络零售商的范畴，逐步发展为一家综合服务提供商，公司的发展又上了一个新高度。

可见，亚马逊公司的成功离不开精准的产品定位。在发展的不同时期，采取了不同的产品定位，这也是该公司战略目标的三次大转变。而且亚马逊的这三次重大转变，将功能性定位、品类性定位和差异化定位贯穿其中，对公司的发展和产品的定位都做了正确的判断，从而打出了最简单易懂、最精准的口号。在这一点上，需要文案策划人员在创作产品定位文案时进行细致的分析。

第4章　几种常见文案类型实战方法

通过第3章的理论学习，相信很多人在大脑中已经建立起了对文案写作的基本体系，这一章我们便进入实战，依次具体探讨撰写电商文案、宣传册文案、公关文案与软文文案时的窍门。

4.1 电商文案

电商文案可以称得上是目前文案领域需求最大的一块市场，相当多的从业人员也集中在这一领域。与广告文案致力于宣传品牌特性、理念不同的是，电商文案注重的是转化率，是为销售产品而撰写的，这从本质上决定了它的诸多特点。

电商文案立足于将事物说明白，不会去刻意追求文辞的华丽与趣味，有自然是最好，但没有也不会去刻意强求，最好的效果是用"最容易理解的方式"完整表达出所售卖产品对于消费者的好处与给予的帮助，而在撰写时首先要明确以下三个观念。

（1）不是你想怎么介绍就怎么介绍，而是要考虑消费者最喜欢什么样的介绍。

（2）每一个产品功能，都需要场景来体现使用意义。

（3）客群不是无私的上帝，他们不是天生就需要你的产品，而是需要你的产品来解决问题的人。无论你是卖服务还是卖产品，都应该以为用户解决问题为中心。

明确文案目的之后，电商文案的正文也多数采用最简洁的三段式：标题与开场，说服内容，结尾行动。

4.1.1 如何写电商文案标题与开场

对电商文案而言，标题和开场尽管在写作长度和展现形式上存在一定的差异，但想法还是基本上一样的，所以在此便将两者放在一起来讲解。

二者最主要的作用是显而易见的，吸引、导引、牵引，如果标题和开场都不吸引人，消费者肯定是看都懒得看的。

一般而言，在电商文案开场中需要注意的是：开场能否迅速将消费者带入一个能唤起需求的场景，消费者能否快速判断产品对自己的益处，我们要明确商品在场景中的最终定位。简而言之，千万不要想当然地认为消费者是懂你的产品的，还什么都没做就和你惺惺相惜，那是极端错误的，要将消费者当作小白来对待。

举例来说，如今很多平底锅的电商文案都是将锅的材质放在文案的前面，什么大理石平底锅、陶瓷平底锅之类的，但实际上这并不是一个明智的选择。人们在选平底锅时确实也会看一下它是用什么材料做的，但那往往是即将决定购买时才会关注的点。相比之下，人们更关注这口锅好不好用。

所以明智的选择是，你要在文案开篇赋予锅的每一种特色一定的场景，用来体现锅的功能和优点，如"每一次煎鱼你都失败吗？"或者更干脆的"煎鱼失败觉得很丢脸吗？"再或者"你是否被油烟熏成了一个黄脸婆？"一下子便唤起了读者在厨房中被质量粗糙的锅所困扰的场景，只有那样他们才有兴趣继续读下去。某品牌平底锅电商文案如图4-1所示。

图4-1　某品牌平底锅电商文案

同样的道理，如果是卖暖气，你没有必要在文案中强调你卖的暖气是怎样发热的，对于消费者而言，研究发热原理没有太大的实际意义，他们更关心发热的温度和速度以及会不会漏水这种实际问题。我们可以这样写，"寒流再强也不怕，三分钟让你的卧室像温室"。

卖食品的，如果不是米其林、三星、大厨特制也没有必要强调做法，尤其对于那些工业化流程制成的食品就更没有必要强调做法了，最好还是要强调这款食品对消费者起到的帮助作用，如"派对晚宴的话题帮手，让朋友们打开话匣子的不沾手小饼干""属于爱情的甜蜜承诺，用××蛋糕让亲友看见你们的爱情"。超市中同质化的小食品实在太多了，想要销量不错，就必须找出属于自己的卖点。

4.1.2 如何创作有说服力的电商文案内容

标题与开场将消费者吸引住后，接下来的内容最主要的任务便是说服消费者购买，为消费者"消除疑虑，增强信心"，但要注意以下几点。

（1）你的说明是否足够简单，读者一看便能明白？

（2）你提出的特色是否有其他角色能够佐证？

（3）你撰写的说服理由，是否足够贴近消费者的心意？

通常情况下，有以下策略可供你选择：

（1）已经有很多人在用我的产品

这主要针对已经上市一段时间后的商品，放出买家数量、买家好评来打动读者，典型如一旦销量过了一个数量级，电商们便会放出庆功数字，"年销售1000个沙发，让上万个家庭得到属于自己的倚靠"，或者讲一个消费者使用产品后发生很大改变、变得非常好的故事，"×先生已经是我们的老顾客，最初他也是将信将疑，但使用产品一段时间后他感觉非常好，几个月过去，如今他……"故事可以增加产品的可表达性、对比性和信任度。

（2）有大腕儿为我推荐

对于那些即将上市的商品显然还没有口碑和故事可讲，那能做的是找来比自己大牌、很多人认可的机构或人来为商品背书，如××大腕儿倾情代言、××大腕儿很喜欢这款产品，等等。代言的同时宣扬自己先进的品牌理念和产品制作细节，以及为消费者提供试用装、保证满意，等等。

通往成功的道路有千万条，我们在撰写电商文案时也完全没有必要拘泥于以上这两点,说实话这两点也只是一个引子而已,更重要的是要注意下面这三种情况。

(1)少用行业专有名词

虽然有时说一些专业名词会显得你很专业,但这种效果也仅限于对发烧友群体而言,更多普通消费者显然是看不懂这些专业名词的。简单来说,1080p你怎么解释?是解释为"最高等级高清数字电视的格式标准,有效显示格式为1920×1080.SMPTE",还是解释为"比720p更清楚,让你的影片画面不会雾蒙蒙的,尤其是在大荧幕上看更清晰",能获得消费者的认可。

(2)避免使用过多空洞的形容词

没有人会否认恰当的形容词会赋予句子以美感,还会显得很"高大上",但正所谓得于斯者毁于斯,每个形容词在每个人心中的感受是非常不同的,稍微不留神用错了,文案人员自己还在那陶醉,读者却已经产生非常不好的观感了。如图4-2所示,尤其当实在文案与"假大空"文案这两种风格的文案放在一起对比时,这种感觉就非常明显。

超级纯净	27层纯净
乐享白醋,睿智人生	白醋让你年轻10岁,信吗
辣条无意,乳胶有害	震惊,辣条竟然是塑料做的
外表冰洁,内心不净	快餐点的冰块比厕所水还脏
创享健康生活,远离黑色源泉	碳酸饮料会腐蚀你的骨头

图4-2 实在用词文案与假大空文案对比

(3)避免无意义桥段

即使你的产品有很多特色、很多专利技术,也千万不要过分罗列,因为那对于读者来说是一种无意义的桥段,应该尽量避免,重点还是说作用。理解这一点并不难,难的是文案人员和老板们怎样抑制住自己的贪心(毕竟是自己的产品,觉得每一个地方都是非常有意义的卖点),注重现实规律。

4.1.3 如何写让消费者有购买欲的电商文案结尾

长期以来,我们一直认为一篇好的文字作品应该"凤头、猪肚、豹尾",电商文案的结尾同样是不可忽略的,"虎头蛇尾"就麻烦了。

一般情况下，还能坚持看到文案底部的就只有两种人，一种是对产品感兴趣但还在犹豫的人，一种是对你提的内容感兴趣但不明确产品对自己有何意义的人，但无论是哪种人肯定都是对产品非常有兴趣的人。此时，你要做的便是临门一脚，晓之以理，动之以情，给消费者一个诱因，告诉他们要马上行动。如年货节经常能看到的"今天下单，年前送到，让我们陪你一起过个好年"，将购买产品变成一种非常有成就感的事情；还有一种则是前面我们曾提到的限时优惠，如"现在下单，再赠送好礼三选一，活动只到春节前"。总之，通过各种方式刺激消费者的购买欲。

4.2 宣传册文案

文案工作人员，除了要撰写线上推广文案之外，往往还要撰写线下推广宣传册，那宣传册文案又有什么特殊之处呢？

4.2.1 企业宣传画册四大类型

在了解宣传册文案的写作方法之前，我们要先来了解一下企业宣传画册的几种主要类型，常见企业宣传册形式如图4-3所示。

图4-3 常见企业宣传册形式

1. 综合型画册

综合型画册是指那些用来全面展示企业实力、规模、文化、团队、产品、价值观、愿景等核心实力的画册，重点在于对外宣传、会展交流、招待来宾时提升企业整体形象，大多会采用篇章的形式让浏览者对企业有一个全方位的了解，官方用语较多。

2. 招商型画册

招商型画册，顾名思义便是要想尽办法得到商家们的信赖，继而达成合作，需要重点展示企业对这一招商项目的信心以及应对项目中棘手问题的实力，虽然同样是官方用语占大多数比例，但干货和必要的专业术语必不可少，不然不足以打动商家。

3. 产品型画册

产品型画册最常见的便是各类产品手册了，除了做一点简单的企业介绍之外，重点是与产品有关的方方面面，如特征、特点、功效、用料、价格等竞争优势。如果是门店较多或地推比较频繁的企业，画册要更加注重对产品图片、使用方法的传达，这对促销有很大的好处。

4. 形象型画册

形象型画册一般都是大型企业的专属，小企业往往在综合型画册中把这一点包含进去。不过话说回来，小企业也确实没有制作形象型画册的必要，还没有那么大实力，也没有那么多可值得宣传的地方。宣传型画册向来只对提高品牌的认知度和美誉度、增强企业影响力和社会公信力负责，用词往往比较"高大上"、饱含理想和情怀。

4.2.2 撰写宣传册文案五大注意事项

在实战中撰写以上这些宣传册文案时，需要注意以下五点。

1. 明确清晰的主题

提炼主题、确定诉求点是写任何文案的出发点，画册文案自然也不例外，而画册本质上是企业的推广工具，基本要求是服务品牌发展、提升企业形象、促进产品销售，每篇文案只要围绕这三个主题，便不会出现跑题的现象。

2. 画册需要策划和创意

相信很多人在提到画册时第一反应是各类炫目的时尚、汽车杂志，这没什么不对的，它们就是我们设计企业宣传画册的榜样。如果你能用创意将企业画册设计得像时尚或汽车杂志一样有趣，还愁推广时没有人有看下去的欲望吗？

3. 文案与设计同步

宣传画册设计得好离不开文案人员与设计人员的配合，文案人员负责讲故事、安排情节流程，设计人员则负责将这个故事流程可视化，文字的引导与画面的渲染可以说是一本宣传册的两个灵魂，重点是要把握好节奏。

4. 先对企业进行充分了解

艺术家想要高于生活，首先要有来源于生活的灵感。作为企业的营销工具之一，好的宣传画册必然是基于对企业的充分了解，知道企业最大的优势、拳头产品。只有了解了这些，写出的宣传册文案才会是实用的、能引来顾客的。

5. 有统一性和延续性

一本成功的宣传册绝不应脱离企业的主题色，画册的整体调性和风格应充分尊重企业的品牌调性、产品特点以及行业特点。同时，宣传册还应考虑到与其他宣传物品的关联性，这样被提起和利用的概率也会增大。

4.3 公关文案

我们顺着文案工作人员的思路来，除了用于卖货的电商文案、用于企业宣传的宣传册文案外，最常见的文案类型还有公关文案。

如今创业大潮汹涌，几乎每个行业都成了完全竞争市场，企业只要稍具规模，就可能遭受竞争对手攻击。所以，很多企业设立公关部，经常推出公关文案也成为一种常态。

由于公关文案的撰写方法对特定情境要求很高，很难总结出一般规律，本小节便采用案例说明的方式为各位重点介绍与竞争对手交锋和危机公关两种公关文案类型。

4.3.1 竞争对手交锋公关文案：网易云音乐VS QQ音乐

当年网易云音乐迅速崛起时，腾讯使用了狙击战术，通过对网易云音乐关闭微信分享接口的方式遏制网易云音乐对QQ音乐的威胁。事后网易云音乐推出文案说明此事，表面上表现得很大度，说不怪微信、祝福QQ音乐，实际上词句之间暗藏讽刺且刀刀见血，句句能引起读者对腾讯如此霸道行为的反感，是一篇很经典的公关文案。

网易云音乐的态度其实很明确，你的地盘虽然你可以做主，但并不是你的QQ音乐受大家欢迎而是你害怕我们带来的竞争，同时还提醒了其他平台，我今天的遭遇就是你们明天的下场，让腾讯的品牌形象受到极大的影响。

事后QQ音乐的反击也很有意思，引用了清代诗人纳兰性德的一首诗，在撩逗读者情绪的同时，用了一招"乾坤大挪移"，你说我霸道，对不起，我说你版权有问题。

是的，请回到尊重音乐的地方。人"声"若只如初见，何事秋风悲画扇。等闲变却故人心，却道故人心易变？如果我们只如初见，我们真的可以好好聊聊音乐；如果我们只如初见，你态度锋芒，我热诚满满，在音乐面前，我们本应快乐并行，笑语欢歌。

…………

是的，请回到尊重音乐的地方，如果你真正回归对音乐的尊重，你会发现，我们仍在这里等你。亡羊补牢，哪怕略晚。如若你迷途知返，会发现我初心未变。

不过，虽然网易云音乐与QQ音乐之间的文案交锋十分精彩，但实际上还是两个公司之间在唱双簧，大家遇到的还并不是很大的危机。这一事件最后的结果是，双方握手言和，你说闹不闹？

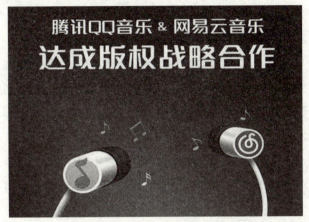

图4-4　网易云音乐VS QQ音乐文案交锋结果

4.3.2　危机公关文案：罗辑思维以真诚道歉化解危机

下面罗辑思维的这一篇危机公关文案就不同了，当历来以宣扬尊重知识人、尊重知识产权而凝聚了很多粉丝的罗辑思维遭受王路的长文攻击时，罗辑思维一度在坊间舆论中根基都产生了动摇，但罗振宇的一篇公关文案不仅扳回颓势，而且还将这场危机公关变成了一次非常好的营销机会，水平可见一斑。

我们看罗振宇在公关文案中是怎样回应的。首先，既然事情发生了，瞒是瞒不住的，用诚恳的态度先向当事人承认错误是非常必要的，无论后面的解释理由是什么，首先承认我们错了。

随后，要费些笔墨来宣扬、巩固罗辑思维的价值观，读书人就是公司的上帝。"读书人的难处就是我们内心最痛的地方，对知识分子总是被商人搜刮这一点更是感同身受，所以我们才要做罗辑思维来保证这种事情更少发生，为读书人谋福利啊"（写得你都快忘了他刚才还做过那样的事情），完全树立了一个善解人意、处处为他人着想的形象。

更厉害的是，最后罗振宇画风一转，在边承认错误边插科打诨之余还为罗辑思维打了一个广告。先说希望能有更多有识之士来帮助他们解决互联网版权问题，因为互联网版权确实很难搞（言下之意，他们犯点错误并非不可原谅），随后说他们在招小报主编，王路老师就是最好的人选，不收编至少也能成为朋友。

再说下对外部朋友的呼吁：

1. 请社群中愿意帮助我们的律师/法官/法律工作者/学者和知识产权方面的专家朋友出出主意，以后这样的事我们怎么能够处理好？互联网时代的版权问题确实头疼，帮我们的同时咱们也共同探讨下互联网时代传播知识与产权保护这个大命题。

2. 我们诚挚邀请王路老师留意一下我们招小报主编的活动：不用坐班，不用入职，一个月基本工资三万元，再加上一元一票的网友支持，就是为了让不少媒体人厉害而不清贫。如果王路老师愿意的话，可以参加我们二月主编的拉票活动。反正一天五条资讯，不用看任何人脸色，挣得一个轻松自在。我和脱不花、快刀、吴声都说好了，我们几个的票都投给你。

3. 我们再次公开向王路老师道歉。并且希望能奉上稿费。更希望王路老师能肉身来上门砸场子骂街拿钱，气消了，然后咱们就一起去喝喝酒、吹吹牛，不打不相识。

4. 还是希望大家能在微信朋友圈里转发分享一下，至少让王路老师能看到我们的歉意。拜托大家了。

这篇文案态度如此真诚，发出之后，恐怕连王路老师本人都没什么火气了，化危机为机遇，罗辑思维的这篇文案堪称范本。

4.4 软文文案

随着硬广告的式微，软文逐渐被更多的广告主青睐。一篇优秀的软文能让一家企业名扬天下，并且软文营销的性价比特别高，效果相当于一般推广广告的好几倍，所以，策划人员一定要对这类文案策划加以重视。

4.4.1 软文内文撰写八部曲

2016年7月，新世相写了一篇名为《我买好了30张机票在机场等你：4小时后逃离北上广》的文章，成功击中了无数在北上广打拼的年轻人的心，此软文获得了前所未有的成功，在软文营销界勘称典范。

这是一个在软文中比较成功的案例，有时候只需要一篇软文就有可能获得社会的广泛响应。那么如何写一篇优质的软文呢？下面具体介绍一下撰写软文的八部曲。

步骤一：开头第一句可能比标题都重要

如果说软文标题能够起到画龙点睛的作用，那么文案开头第一句则起着开宗明义的作用。奥美公司的全球品牌服务总经理史蒂夫·海登说："如果你想当个收入丰厚的文案，取悦客户；如果你想当一个很会得奖的文案，取悦自己；如果你想当一个伟大的文案，取悦读者。"

这个过程就好比营销人员与受众正一起从15楼坐电梯下楼，只有几秒钟的时间向受众介绍产品。营销人员只能介绍产品的一个方面，必须用让受众感兴趣的方式，让受众离开大楼时在思考营销人员给出的承诺，等红绿灯时在思考营销人员给出的承诺，过了马路后还在思考营销人员给出的承诺。营销人员不能耍鬼把戏，只能想出一个具有吸引力的高招，几句话就能快速击中受众的心怀。要不然，迟早会完蛋的。

因此，文案的开头第一句可能比标题都重要，文案创作者必须在文案第一句吸引住受众。世界博达大桥广告（FCB，Foote Cone & Belding）的创意总监曾经告诉海登，只有4%的读者会在无论这则文案写得多烂的情况下都坚持读超过70%的内容。所以，文案创作者的任务是击败这个比例。

步骤二：确定文案中说的是重点

一件显而易见的事实是，人们对于放在面前的任何一篇软文能够读进去的量都是有限的。无论软文在推广什么产品，人们只看自己对主题有没有兴趣，然后再看其中说的有用的话。

史蒂夫·海登说："硬功夫在这儿。你必须让读者满意，而且还必须在几秒钟之内让读者满意。"如果软文没能让读者一开始就抓住重点，那么，这无疑是一篇失败的文案。

步骤三：热点事件是东风

软文借助于热点事件，可以有效提高阅读点击率。事件评论型软文是围绕热点事件、热门新闻或者热门话题，将评论、追踪观察、揭秘、观点整理以及相关资料等方式结合推广产品品牌而创作的软文。

步骤四：经验技术是干货

人们时常能看到这样的软文"你会洗头吗？我来教你怎么洗！""你洗得好吗？让我来教你怎样洗得更好！"企业不是用硬性广告说："我们的产品好，大家都来用我们的产品"，也不是说"我们的产品比别人更便宜，快来买我们的产品"，而是用一种投入更少、收效更大的经验技术型软文营销。

步骤五：以新闻词汇伪装

尼尔·弗兰奇为一个水族馆写了一篇文案，简直可以参加作文比赛了。软文标题是"周末记事"，内文以一个走在玻璃管子里的学生身份，一点点感受鱼在"你"旁边游过的所见所闻。尼尔·弗兰奇还写了这样一个有趣的副标题："这篇文章有一处拼写错误，第一位发现者将获得500美元的奖励。"

避免和同行一样写出"广告"，也许这是软文营销最重要的部分。软文不同于硬性广告，不能强行植入产品信息，而必须借助一定的伪装形式，包括信息资讯、明星或使用者的经验心得和技巧分享、企业的管理思想和方法、企业文化、行业领军人物、行业热点事件和大型活动等。

作者应该试着避免写出"广告"，选择以新闻体的结构组织软文。例如一篇名为《曝光佳洁净热销背后》的软文，介绍一种改变消费者便后清洁方式，以洗代擦的佳洁净产品。这个产品近日在西安悄然兴起。

步骤六：故事诉求的魔力

故事诉求型软文，主要是通过讲述主人公的个人经历表达情感，从而达到宣传产品的目的。故事诉求型软文比较适合于发布在论坛、博客等互动参与性强的地方。由于描写的内容范围广泛，表现形式也不受拘束，这类软文是最利于文案创作者发挥创作才能的软文形式。

故事内容必须有一个主题，这个主题比创作软文的技巧更为重要。只要有好的创意和主题，软文的辞藻并不需要多么华丽，情感的传达也不需要让读者潸然泪下。根据盖洛普的调查，那些通常能够在摄影比赛中斩获大奖的图片（这类图片往往是敏感、精致细腻而且具有完美的构图），并不适用于文案，那些语言华丽的软文也并不适用于软文广告。

步骤七：原创与伪原创的抉择

在软文内容建设方面，目前主要有3种方法：一是采集，二是伪原创，三是原创。当然，做原创是最难的，同时也是最重要的，但并不是说软文必须原创。在原创与伪原创之间，文案创作者需要做好抉择。

原创软文是指文案创作者经过自己的理解，组织语言进行有别于其他任何内容的描述，而且保证只发布在唯一的地方。原创内容是文案创作者首先创作出来的，既不是抄袭的，也不是模仿的。例如博主今天遇到了一件非常顺心的事，于是将这件事情写了出来，并发布在自己的博客中，这就是原创软文。

步骤八：收尾工作要做好

软文的结尾主要承担着总结全文、突出主题、与开头呼应等作用。总体而言，撰写软文的结尾比开头的难度稍低一点。合适的收尾犹如将车停在合适的停车位一样，文案创作者必须保证软文能够被准确无误地停放。

如果一篇软文没有合适的收尾，就像司机把车开进了一个显示有停车位的车库，却发现自己的车子已经无处安放。这样的车库只会引来司机们的一片骂声，人们都感觉自己被骗了。所以，软文的收尾也具有举足轻重的作用。

4.4.2　搜狐自媒体10万+软文实操案例

一篇文章，用一个星期的时间，获得十万的阅读量。这并不是难以实现的，只要巧妙地利用网站推广，就可以实现。下面就以搜狐自媒体引流10万+的实操案例为大家讲解一下自媒体引流需要注意的问题。

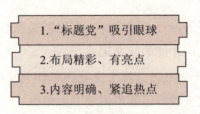

图4-5 自媒体引流需要注意的问题

1."标题党"吸引眼球

想要实现引流10万+，首先要学会为文章起标题，这个标题要达到让用户在第一眼就爱上你的效果。

在搜狐自媒体引流10万+的实操案例中，标题十分引人注目，戳中了用户的痛点，让用户在看到文章的第一时间就有了想要点击的欲望。所以，大家在为文章起标题时，要学会将标题设置得有吸引力，站在用户的角度，激起用户打开的欲望。

2. 布局精彩、有亮点

文章的内容布局要精彩，能够给客户亮点。精彩的布局能够让用户在阅读的时候有良好的用户体验，为文章的宣传推广加分。

一般情况下，在内容布局时，我们会遵循分段明确、图文并茂、图片比例适中、相关性强、突出重点的原则，大家在策划文案时也可以参考这一原则。

3. 内容明确、紧追热点

在引流网站推广过程中，需要增加文章的曝光率，搜狐自媒体本身就是新闻源，并且本身权重较高，所以在写文章标题时，比较容易排在搜索结果前面。

在内容的选取方面，还需要利用相关性热点，明确内容，这既能保证搜索用户的有效性，也能保证搜索量。

举例来讲，一篇普通的文章只有200的阅读量，而热门事件却有4000多的阅读量。可见，内容明确、紧追热点的文章更易受到人们的关注。因此，在写自媒体内容的时候确定一个大众易搜的标题和当下热门的内容，就可以获得更多的流量。

4.4.3 看顾爷如何造就神级软文

梵高为什么会自杀？大概您也不知道，但是这位网络红人顾爷却偏偏找出了梵高自身的原因，因为"梵高不会理财"。这种看似啼笑皆非的原因其实是顾爷软文中的一篇，仅仅看到他所罗列的标题，就有点开全文进行欣赏的欲望，这就是软文写作的奇妙之处。

分析顾爷的软文，可以获取许多关于文案策划的有益经验，下面为大家具体介绍一下，如图4-6所示。

1. 从用户出发，选材独特

2. 语言幽默，有特色

3. 高频互动，有目标

4. 营销目的与内容自然结合

图4-6　顾爷软文策划经验

1. 从用户出发，选材独特

顾爷在写作软文时，一定会抓住消费者的痒点、痛点和利益点，揣摩消费者内心需求或没有察觉到却已经"心痒"的东西，然后用有噱头的故事或素材表现出来，放大消费者的痛点，抓住他们的好奇心，巧妙地植入产品的广告。

另外，内容选取角度也十分新颖，它的软文取材多来自古代以及近现代绘画艺术作品，将内容定位为对绘画艺术的普及，这一定位满足了众多想对绘画艺术有更多了解但又望而却步的年轻受众的需求。

2. 语言幽默，有特色

"说画"专栏是顾爷在微博中开设的，他的文章用写段子的方式幽默地讲述西方美术史。语言轻松幽默、有特色，成功吸引了近百万的粉丝关注。

以软文中的《梵高为什么会自杀》为例，文章大部分篇幅都是在用调侃的语言描写梵高怀才不遇，继而因财自杀的故事，最后点出如果梵高要有支付宝理财，就不用自杀。这篇软文因其幽默的语言成功吸引了许多网民的关注。

3. 高频互动，有目标

顾爷的软文能够获得大量粉丝的关注，很大程度上与他频繁地跟粉丝进行互动有关。顾爷向来重视粉丝的作用，并及时与粉丝进行有效的互动，让粉丝来创造内容。

比如在春节期间，顾爷在微信公众号推出的"答题得口令红包"的活动，吸引了众多粉丝的参与。除了这些具有重要意义的节假日与粉丝互动外，顾爷在日常的活动中也十分注重与粉丝的互动。正是通过这样高频率的互动，加强了顾爷与粉丝的联系，也使得软文顺利推广。

4. 将营销目的与内容自然结合

顾爷推出的经典软文，大部分是以讲故事的形式来推动整篇文章的情节发展。使用这种方式，不仅能将读者的注意力吸引到故事情节当中，还便于在结尾将所要推广的产品或者服务自然地植入故事中。因为其植入广告非常自然，使人觉得有趣，所以猜测植入广告竟然成了读者的阅读乐趣，可见顾爷的软文营销做得十分精妙。

4.4.4 行动派DreamList靠软文突破粉丝增长瓶颈

《读一所名牌大学，到底有什么好的？》
《一个女生在秀"马甲线"时她到底在秀什么？》
《毕业一年的人都混成什么鬼样？》
《我可能不会做"不化妆不健身和父母住"的省钱姑娘》

这些都是微信公众号行动派DreamList下面所推送的文章，它以当代的年轻人为主要目标群体，推送相关的微信文章，从零开始做公众号，在一年的时间里积累了15万粉丝。那么它的成功经验有哪些呢？

1. 厚积薄发

长时间的积累会带来从量变到质变的效果，行动派DreamList平时的积累为它突破粉丝、增长瓶颈做了很大的贡献。

它平时的积累主要有两方面，即学习其他公众号的玩法和阅读杂志。通过学习运营模式较为典型的微信公众号，了解他们的经验为自己的微信运营提供借鉴。长期的学习和积累让行动派DreamList的运营知识和体系更加成熟，为它实现质变提供了条件。

2. 取长补短

行动派DreamList在运营过程中十分注重取长补短，通过关注优秀公众号的具体运营的细节来改进自身出现的问题。一般做得比较好的公众号大多有自己独到的地方，比如社群的运营、微信群的运营等都有各自的特色。行动派DreamList就比较学习他们不同的形式，在这些经验总结的基础上对自己的账号运营进行优化。

3. 虚心求教

在遇到问题时，如果只是依靠自己尝试，就会走很多弯路。但是请教前辈的话，往往能够抓住问题的关键，他们往往能一针见血地指出问题并给出切实可行的解决方案。

举例来讲，有段时间行动派DreamList遇到了瓶颈，文章写得很好，但是订阅增长很慢，所以运营人员就这个问题请教了"十点读书"的创始人林少。林少分析了他们的运营，发现是因为发布的文章太单一，数量太少，建议他们多发几篇文章，给更多人更多的选择，提高整体的传播量。

4. 勇敢试错

在运营之前，行动派DreamList对用户喜欢的内容并不确定，所以他们通过观察数据来确定发布文章的类型，拟定受用户喜欢的标题。

通过每天记录文章的点击量、转发数目和点赞数量等数据来分析，从中总结规律。之后朝着这些方向大胆试错，如果经验得到验证，就大步向前走，如果检验是失败的，那就吸取教训，调整方向。

通过以上几个方面的努力，行动派DreamList成功突破了粉丝增长的瓶颈，成长为一个优秀的公众号。大家在策划软文文案时，可以借鉴以上做法。

第二部分
活动策划详解

2016年2月，滴滴出行和珠宝品牌Darry Ring联手推出了情人节活动。在该活动中，活动举办方通过视频的形式拍摄了多名老年夫妻补办求婚的过程，记录他们从婚纱到白首的爱情，之后利用社交网络进行了广泛传播。紧追其后，在情人节当天，Darry Ring跟滴滴联合推出情人节红包。"爱她，就带上Darry Ring坐着滴滴去告诉她"的宣传活动获得了外界的广泛关注。

　　滴滴出行不仅在2016年推出此类活动，在2015年同样举办了类似的活动。2015年滴滴出行举办的"北上广深选PK吸血加班楼，滴滴免费专享专车解决加班狗一周"活动更是吸引了大批网友的关注和吐槽。活动以邀请众网友一起票选吸血加班楼，滴滴请"加班狗"们免费坐专车为主要形式，成功对企业的品牌做了宣传。

　　活动期间，只要在滴滴出行官方微信、微博活动页面回答三个问题，并提交加班公司所在大楼和手机号的用户，就可以免费为自己所在的大楼投一票，根据用户投票结果最终选出"吸血加班楼"。活动结束时，加班排名前100名的办公楼的投票用户，即可获得5张面额为45元的滴滴专车券，滴滴带着免费专车来解救广大的"加班狗"。

　　活动刚刚一上线，就吸引了大量网友的关注，该活动上线不到一天，活动页面点击率超过了250万次，浏览的人数达80万，收到了70万张"选票"。

　　总结滴滴出行的这两次活动成功举办的经验，与其活动的策划人员的努力是分不开的。策划这样一项大型的营销活动，需要专业的活动策划人员，并且这些策划人员需要付出大量的时间和精力去组织和准备。

　　一般来说，活动文案首先会涉及品牌营销活动策划，大部分企业都十分注重自身品牌在企业发展中的作用，所以会经常通过策划一些活动来进行品牌宣传。在本部分我们会从品牌营销活动策划开始，介绍相关的活动策划知识。

　　除此之外，书中还会为大家介绍商会活动策划、文化娱乐活动策划、会议论坛活动策划以及培训活动策划等相关的知识和技能，为活动策划人员提供学习资料和借鉴。

第5章 品牌营销活动策划

"腾讯、华为、阿里巴巴、百度、中国平安、联想、京东、茅台、海尔、万科"位列中国最具价值十大品牌榜中榜（2016年），具有突出的品牌价值。这些品牌的塑造并不是一朝一夕就能完成的，其中品牌营销活动策划在里面发挥了重要作用。

既然品牌营销活动策划作为成功塑造和传播品牌形象的重要组成部分，下面就带大家了解一下品牌营销活动策划的相关知识。

5.1 "QMS5"方法论

"QMS5"方法论是创新设计集团洛可可独家提出的方法论,它认为好的包装首先要富有吸引力,能够唤起消费者的兴趣,激起消费者的欲望并产生购买行动,所以它在包装设计中创立了一个方法论:QMS5法则。

QMS5法则包括"五大问题找出产品痛点""5米之外产品脱颖而出""5秒之内锁定用户购买"这三个方面,本节内容就为大家讲解一下"QMS5"方法论。

5.1.1 五大问题找出产品痛点

"有汰渍,没污渍""全面洁净,一步到位——汰渍洗衣液"的广告语让消费者心动不已,原因就在于它抓住了消费者的痛点。洗衣服最需要的就是洗得干净、快速,汰渍洗衣液就是针对消费者的这一需求进行广告策划,直击用户痛点,收获了良好的广告效果。

"充电五分钟,通话两小时",OPPO系列手机的这一广告宣传标语更是让消费者眼前一亮。在人们对手机依赖程度持续加深的情况下,手机很容易没电或者是电量不足,这会在很大程度上影响人们的生活。所以,消费者在挑选手机时,对电池、电量的要求越来越高,OPPO手机正是抓住了消费者的痛点,将快速充电作为手机的核心卖点,成功吸引了大批消费者的青睐,手机的销量也随之大增。

那么,如何才能找出产品的痛点,以满足消费者的需求呢?下面就为大家讲解一下找出产品痛点的五大问题,如图5-1所示。

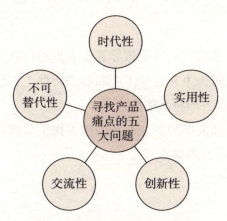

图5-1 寻找产品痛点的五大问题

1. 时代性

"Diamond lasts forever"("钻石恒久远,一颗永流传")的广告语十分经典,经过时间的沉淀,并没有让它失去光辉,反而在时间的流逝中增添了生命力,这样的品牌营销活动的策划才是真正的经典。

在做品牌营销活动的策划时,要关注产品的时代性。产品如果经不住时间的考验,只是短暂地出现和存在,那么再好的策划也打造不出经典的品牌。所以,在品牌营销活动策划中,产品是否具有时代性十分重要。

2. 实用性

产品的实用性对找出产品的痛点也具有十分重要的作用,以干果营销中的三只松鼠为例,很多普通商家都很在乎干果的原产地、质量以及干果的颗粒是否饱满等问题,但是却忽略了产品在同类产品中对消费者最大的吸引力,那就是干果怎么吃的问题。三只松鼠另辟蹊径,在产品销售时提供相应的工具,增加了自身产品的实用性,使消费者从买到吃始终有一个好的体验,也因此很快就成了国内干果产品的第一品牌。

在寻找产品的痛点时,必须关注产品的实用性。在很大程度上,产品能够脱颖而出的原因就在于它自身的实用性比同类产品强。所以,在寻找产品痛点时要注意这一点。

3. 创新性

"怕上火,喝王老吉"是凉茶领导者王老吉的经典广告语,王老吉是凉茶概念的倡导者,正是因为它抓住了产品的创新性,提出了凉茶降火气的概念,所以一下子在全国各地将品牌打响了。

关注产品的创新性能够为抓住产品的痛点提供角度,从产品的创新角度出发,就能很快找到产品的痛点。

4. 交流性

产品是否具有交流性是寻找产品痛点时要注意的另一个问题。小米手机的粉丝经济就是关注了产品的交流性,找到了产品的痛点,利用广大粉丝对小米手机品牌的热爱与互动,成功找到了产品宣传的特色,吸引了大批忠实消费者。

5. 不可替代性

如果产品具有不可替代性,那么这件产品就有了吸引消费者的痛点。以星巴克的发展为例,与传统咖啡店安静优雅的环境不同,星巴克的店内不陈列任何产品、店内咖啡桌也并不大,大多数顾客都在看书或者闲聊,座位周转也不快,看起来非常拥挤。

但就是这样的环境设置,还是让星巴克成为世界五百强企业,各家分店经常人满为患。原因就在于星巴克将咖啡休闲文化作为产品的核心卖点,而且这种咖啡休闲文化已经成为星巴克的专属标签并深入人心。正是星巴克的这种不可替代的特性吸引了大批消费者前来喝咖啡,享受专属星巴克的文化氛围。

从上面的分析中,可以总结出寻找产品痛点的五大问题,即产品的时代性、实用性、创新性、交流性和不可替代性。以后,大家就可以从这些方面来寻找产品的痛点了。

5.1.2　5米之外产品脱颖而出

2015年春季,LKK洛可可品牌营销公司参加了成都糖酒会,其中由LKK

洛可可品牌打造的名仁动力X6饮料惊艳亮相，吸引了不少参会人员的注意。

LKK洛可可在其包装设计上最为吸引眼球，它采用了自身品牌原创的3D设计创新法则，即发现（Discover）、设计（Design）、实现（Deliver）来帮助客户达到目的。

上面提到的创新设计法则，能够实现5米之外让产品脱颖而出的效果，也是本节要为大家介绍的主要内容，这三项法则如图5-2所示。

图5-2　实现5米之外让产品脱颖而出的3D设计创新法则

1. 发现

Discover（发现），让LKK洛可可更加了解市场和用户。在前期的市场调研和用户研究中，LKK洛可可的营销策划人员发现了一个规律，那就是消费者对于高端功能饮料的认知更加倾向于对品牌的认知，而对于低端功能饮料的认知则更倾向于名人代言。所以，LKK洛可可推出的这款名仁动力X6饮料想要打入高端市场，就需要提炼出能够代表企业和产品的品牌符号。

所以，在品牌营销活动策划中，我们必须具备善于发现的能力，来进一步了解市场和消费者的需求，为把产品打造成5米之外脱颖而出做基础准备工作。

2. 设计

Design（设计），让产品更加耀眼。LKK洛可可对商品的包装设计进行了精心改动，大胆运用黑色来凸显整个产品"Cool"的感觉，让消费者印象深刻，能够在视觉上让消费者第一眼看到LKK洛可可的品牌产品。LKK洛可可还在品牌设计方面强化了品牌符号，让人产生过目不忘的深刻印象。

3. 实现

Deliver（实现），LKK洛可可打造的名仁动力X6饮料自上市以来就致力于增加产品的曝光度，借此来提高产品的知名度，真正做到"5米之外产品脱颖而出"的产品上市效果。

在品牌营销活动策划中，学习了上面提到的三点之后，要学会融会贯通，力争将产品打造成"5米之外产品脱颖而出"的品牌产品。

5.1.3 5秒之内锁定用户购买

2016年9月7日，苹果举行了秋季新品iPhone7的发布会，发布会一如既往的精彩，受到果粉的热烈欢迎。

苹果每年的新品发布会都会让人眼前一亮，想办法让消费者在第一时间购买一部苹果手机，这就是本节内容所讲到的5秒之内锁定用户购买。

5秒之内锁定用户购买的意思就是让消费者看到产品的活动，在短时间产生想要购买的欲望，这对文案策划人员提出了很高的要求。

文案策划的最终目标就是让消费者心甘情愿地掏钱购买产品，如果一个产品的文案策划能够达到5秒之内锁定用户购买的效果，就能称得上是十分优秀的作品了。那么，苹果的新品发布会是如何让用户在5秒之内产生想要购买的欲望呢？下面就为大家分析一下，如图5-3所示。

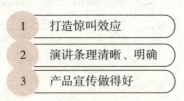

图5-3 5秒之内锁定用户购买的条件

1. 打造惊叫效应

苹果每年的新品发布会都会设定好主题，让用户在发布会上有一个聚焦点，当所有听众都在期待惊喜的时候，将新品呈现出来，如果引起了惊叫反应，大家对产品就会有期待、惊喜的感觉。比如乔布斯在发布 Air 的时候，说它非常薄，可以装进一只信封，然后他就从一只信封中拿出了一台 Air，让全场的参会人员为之惊叹。

2. 演讲条理清晰、明确

演讲人员在苹果的新品发布会召开之前都会条理清晰地列好大纲，演讲的过程中更是时时展示大纲。因为演讲者在演讲时，听众是看不到全文的，所以更需要演讲者的演讲脉络清晰，让听众对演讲有一个清晰的认识。

3. 产品宣传做得好

一直以来，和苹果有关的话题关注度都相当高，某个网站中如果曝出苹果的新品照，通常都会被顶上头条。

用户对苹果新机的需求只增不减，媒体为了迎合读者的胃口，在苹果新品发布会召开时就会对发布会进行图文或视频直播，上百篇和苹果新品发布会有关的新闻稿应运而生，人们自然而然地就被铺天盖地的苹果报道吸引住了，产品的宣传效果不言而喻。

5.1.4　LKK洛可可的品牌营销活动

2016年7月14日，第九届APEC中小企业技术交流暨展览会在深圳市会展中心拉开序幕。

LKK洛可可创新设计集团在此次展会上的亮点之一，是由LKK洛可可设计师设计的造型引来了现场众多参观者的驻足，展现出浓郁的"未来设计"特色，鲜明地体现了本次展会的主题，获得了众多参会人员的好评。

LKK洛可可的品牌营销活动十分成功，大家在策划中可以借鉴他们的做法，下面就为大家介绍一下LKK洛可可的品牌营销活动坚持的原则，如图5-4所示。

图5-4　LKK洛可可的品牌营销活动坚持的原则

1. 明确的用户定位

你必须先搞清楚你的用户是谁,你得对用户有一个明确的了解,用户不是数据,而是一个个活生生的人。

产品的用户是男是女?他的职业和星座是什么?他的兴趣和爱好是什么?他平时喜欢浏览哪个网站?他喜欢什么样的衣服和配饰?这些都是进行数据分析后可以得到的。通过大数据的运作画出用户画像,就可以更加直观、精准地找到目标消费者,提高品牌宣传的效率。

2. 打造产品亮点

质量过硬的产品才会赢得用户的青睐,打造产品亮点有利于产品与用户产生联系。在产品的品牌营销策划活动中,如果能够从产品的特性中归纳出兴奋点,进而从兴奋点出发找到关键词,围绕关键词打磨惊喜感,会让用户对品牌瞬间产生好感,获得极佳的品牌宣传效果。

3. 抓住用户的眼球

微信过年摇红包、黄太吉美女老板送外卖、维多利亚的秘密等一系列火爆案例都在阐述着营销的关键点——抓住用户的眼球,吸引用户的注意力,在这个基础之上的宣传能够很大程度地提高产品的曝光率。

不过需要提醒大家的是,虽然这种方式引流量大,但是会对品牌形象有一定的影响,所以大家应该根据自身产品的定位,谨慎使用这种传播方式。

4. 重视品牌传播渠道

品牌能够获得精准传播,才能起到品牌营销的良好效果。LKK洛可可在品牌推广时运用了多种传播渠道,如网站宣传、微博宣传、微信宣传、新产品上市发布会、展会,等等。线上和线下两种宣传方式相结合,对产品进行了大力传播。

5.2 新品推广活动策划

新品推广活动对产品来说至关重要,俗话说"良好的开始等于成功的一半",所以,大家一定要重视新品的推广活动,其中,召开新品发布会是进行新品推广的主要形式。所以,在这一小节中,为大家介绍一下新品发布会的相关知识。

5.2.1 如何开一个成功的新品发布会

2016年2月24日,小米5在中国北京与西班牙巴塞罗那两地先后举行新品发布会。发布会上照例像以往的小米新品发布会一样,坐满了等待小米新机的狂热粉丝,毫无意外,小米的新品发布会举办得极为成功。

细数小米的历届新品发布会,每一届都非常令人瞩目,那么小米是如何举办这么多届成功的新品发布会的呢?下面就以小米为例,为大家介绍一下如何开一个成功的新品发布会,如图5-5所示。

1. 选准发布时机
2. 挖掘产品亮点
3. 使用数据说话
4. 与粉丝进行交流

图5-5 开一个成功的新品发布会的方法

1. 选准发布时机

选准发布时机是成功举办新品发布会的一个重要条件,小米的这次发布会的时机选得恰到好处,发布会与MWC西班牙世界移动通信大会同时举行,北京与巴塞罗那两地发布,媒体对会议的关注度也相应提高。

除此之外,小米的新品发布会确定在春节之后、两会之前召开,在这个空档期小米5成功吸引了广大人群的关注。

2. 挖掘产品亮点

发布会的绝对主角是产品，产品亮点是人们关注的主要焦点，所以，大家在进行新品发布会的策划活动时，一定要挖掘到产品的亮点。小米5无论是从配置上还是从价格上都惊艳到了用户，尤其是小米5"一键换机"的产品功能更是新机的一大亮点，成功吸引到了更多手机用户的关注。

3. 使用数据说话

相较于复杂的文字，数据更能够说明问题。小米为了把难懂的技术表达清楚，一直坚持在发布会上使用数字进行解释。如在此次发布会上，就用"3D陶瓷比3D玻璃成本贵75%""CPU比骁龙810快100%"等具体的数字对小米的产品和性能做了对比说明。因为数字的冲击力更强，更容易让人记忆，所以在举办新品发布会时，要注重对数字的使用，以加深消费者对产品的印象。

4. 与粉丝进行交流

提起小米，就不得不提它的"粉丝经济"，可以说如果没有小米的粉丝，就没有小米手机的销量。所以，在小米的新品发布会上，让粉丝坐在发布会现场的前排是小米开的先例，并且小米一直保持着这一良好的习惯。有消息称，在小米送给粉丝的礼包里还装有F码，这更加显示了小米对于粉丝的重视。

在新品发布会的过程中，米粉们大声尖叫"买！买！买！"，能够让粉丝对产品保持这样的狂热程度，小米的发布会很难不成功。

5.2.2 聚焦日立公司"机器人服务生"发布会

2016年4月10日，日本日立公司发布了一款代号为EMIEW3的新款人形机器人，引起了各界人士的广泛关注，该发布会圆满落幕。

分析此次发布会取得成功的原因，其实可以总结出三点，如图5-6所示。

1	发布会前的充足准备
2	产品功能强大、有亮点
3	精心策划、有条理

图5-6 日立公司"机器人服务生"发布会的经验

1. 发布会前的充足准备

自2006年3月6日日立公司在日本千叶县浦安市举行活动，公开展示其开发的新款机器人服务生之后，日立公司每年都投入大量的时间、人员和精力进行机器人服务生的更新研发。在发布会前，该项目已经有了充足的产品质量准备和人员保障，加之日立公司的资金雄厚，所以，发布会进行得十分顺利。

2. 产品功能强大、有亮点

2016年最新发布的机器人的功能十分强大，它具有多语种应对、跌倒爬起、主动提供帮助等功能，还可以承担导购、接待等任务。机器人服务生的出现吸引了人们的目光，并且新产品已经进行了技术更新和改进，更加符合人们的要求。

日立公司发布新闻公报称，EMIEW3是继2005年和2007年发布的两款EMIEW系列机器人后的最新型号。它身高90厘米，重约15千克。虽然身材小巧，但能和人保持协调步调行走，最大移动速度为每小时6公里，跌倒后还可以自行站立起来。

因为机器人服务生自身所带的科技性，本身就是发布会的一大亮点，所以，发布会的关注人数十分可观。

3. 精心策划、有条理

发布会前已经有专门的策划人员对会展做了精心的准备，无论是发布会站台的布置，还是机器人的演示顺序，策划人员都做了细致的安排，这些安排既突出了产品的亮点，又让参加发布会的人感觉有所收获，因而获得了很高的评价。

所以，大家在策划一场新品推广活动时，一定要具备清晰的逻辑思维和强大的掌控能力,既要适合产品,又要抓得住用户的心。

5.3 产品促销活动策划

"双十一"原来是中国年轻人的"光棍节",却被阿里巴巴等电商打造成了购物节。据统计,2015年"双十一"仅开始72秒,淘宝天猫平台的在线交易额就突破了10亿元;1分45秒跨境贸易成交额就已经超过了2014年"双十一"全天;12分28秒,交易额突破100亿元。

如此佳绩真的是可喜可贺,为何"双十一"当天电商能够如此成功地顺利进行交易呢?原因就在于他们把"双十一"打造成了购物节,利用促销的形式吸引消费者在"双十一"当天进行购物消费。本节就为大家讲解一下产品促销活动策划的相关知识。

5.3.1 巧用打折+赠品的利益诱惑

"九块九包邮""特价一折起""买五赠一",这些都是商家常用的产品策划宣传标语,是否让你产生了购物的冲动?其实,人们在浏览购物网站经常会看到这些诱惑性的标语,让人产生购买的欲望。这就是我们通常所说的巧用打折+赠品的利益诱惑的方式来刺激消费者的购买欲望,这是产品促销活动策划中常用的一种方式。

分析这种方式,最重要的就是利用了消费者想得到实惠的心理。但是也有许多打折、赠送礼品的活动并没有吸引到更多消费者的注意力,这是什么原因呢?其实,就是因为他们对这种方法的运用没有用到点子上,下面就教大家一些巧用打折+赠品利益诱惑真正有效的方法,如图5-7所示。

1. 挑选好打折的时机
2. 明确打折的目的
3. 选择赠品要恰当

图5-7 巧用打折+赠品利益诱惑的方法

1. 挑选好打折的时机

季节、节日气氛、地点等都是影响打折效果的因素。以季节为例,冷饮在夏季普遍受到消费者的欢迎,如果这个时候进行产品打折促销,就会起到显著的效果。但是,与之相反,如果店家在炎炎夏日推出火锅料的打折活动,就显得有点不合时宜了。所以,季节不同,打折活动所选的商品也应该不同,只有因时制宜、因地制宜才能策划出好的促销活动。

2. 明确打折的目的

打折的目的是让更多的消费者购买商品,所以打折的策划、方式、技巧十分重要。如打折活动不要过于频繁,能够享受打折优惠的对象也应该有所规定,即会员制度的使用。

举例来讲,如果一家商店经常进行打折活动,就会让消费者养成只在打折时购买商品而平时不买的习惯,这样就偏离了商家策划打折活动的目的。

另外,推行会员制度也是一种商家经常采用的打折方法,会员制度强调只对某一部分顾客甚至只对某位顾客打折,这种方式拥有极强的诱惑力。如果商家的实力足够雄厚,那么它所推出的会员卡就有可能成为身份的象征,对消费者就更加具有价值。总之,在策划打折活动时,明确打折的目的十分重要。

3. 选择赠品要恰当

恰当的赠品可以使消费者心情愉悦,更能够对商家的品牌起到很好的宣传作用。所以,在选择赠品时,要进行恰当的选择。首先,赠品要和所售的商品具有相关性,并且要求它与品牌定位及产品消费有较强的关联;其次,要把握好赠品的价值,让顾客能够从中产生较大的获益感;最后,要注意赠品的重复使用率,如果赠品的实用性较强,就能够经常引起顾客对品牌的联想,对产品的品牌塑造也有深远的影响。

总之,采用打折+赠品利益诱惑的方法进行促销活动时要考虑全面,进而为活动策划提供参考。

5.3.2 周末节假日是最佳促销时机

节假日营销被营销界奉为最佳销售时机，抓住周末等节假日进行促销活动能够取得显著的营销效果。那么，为什么说周末等节假日是最佳促销时机呢？原因有多个方面，下面为大家简单介绍两个原因。

说周末等节假日是最佳促销时机，一方面，人们在休闲的时间往往购物欲较强。平时上学、上班的时候大家都比较繁忙，除了购买生活必需品外，没有时间去想消费购物的事情，而节假日却恰恰相反，人们在家休息，就会产生改善生活的念头，加之商家的大力打折促销活动，更是大大激发了消费者的购买欲。

另一方面，中国是一个非常注重礼仪的国家，重大节假日礼尚往来非常常见，所以在节假日进行商品促销会有很大的市场可以去挖掘。以过年为例，人人都会采购年货、拜访亲友，其中礼品是不可缺少的，商品的销售市场十分广阔。

既然周末等节假日是最佳促销时机，那么该如何利用这一促销的大好时机策划出一场成功的活动呢？下面就为大家讲解一下，如图5-8所示。

图5-8 节假日促销的策略

1. 选一个好的活动主题

促销活动想要取得好的效果，首先要给消费者耳目一新的感觉，所以，在策划时就需要有一个好的促销主题。有冲击力、有吸引力、主题词简短易记的主题能够引起消费者的兴趣，并且让消费者看后记忆深刻。

例如在春节期间，商家就一般会以"合家欢""全家福"为促销主题，借此来迎合大多数消费者的需求，这样的主题设计虽然缺乏新意，却十分有针对性，更能表达节假日消费的特殊含义。

2. 挖掘节假日的内涵

对节假日的内涵理解不到位也是促销活动举办不成功的原因之一。策划人员对节假日的"内涵"挖掘不够，了解的程度有限，导致商品促销与节假日结合得不够紧密，吸引不到消费者。所以，想要策划出成功的节假日促销活动，就必须挖掘出节假日的内涵。

以端午节为例，端午节假日的由来，涉及的人物、符号、食品以及端午节的古今中外延展与演绎等这些信息策划人员都要了解和掌握，只有对节日有了真正的认识，才能挖掘出最符合消费者的促销点。

3. 活动策划要有创意

一提到促销，大多数人就会想到买赠、折扣、积分、抽奖等方式。尽管在促销方式上已经很难创新，但是在策划活动中细节之处的创新还有很大的创意空间。

例如，某家保健品企业设计的"新年赢大奖，谢谢也有礼"的主题活动的细节之处设计得就十分具有创意，其中"谢谢也有礼"激起了消费者的好奇心，原来它是在活动的策划中加入了"凭借刮刮卡的四个'谢谢'可以换一盒小包装的产品"的活动规则，这就让许多消费者产生只要参与就能中奖的心理，更加具有购买的欲望了。

5.3.3　唯品会模式："正品+折扣+闪购"

2016年5月19日，唯品会发布截至3月31日的2016财年第一季度未经审计的财报。财报显示：唯品会第一季度总净营收为121.7亿元人民币，比2015年同期增长41%；归属于唯品会普通股股东的净利润为4.75亿元人民币，比2015年同期增长29%。

一个仅靠网络闪购折扣品牌的电商支撑起近百亿美金市值的唯品会是如何做到的？其实，唯品会成绩的取得和它的经营模式是分不开的，即"正品+折扣+闪购"的模式。

下面为大家从正品、折扣和闪购三个方面分析一下唯品会模式,如图5-9所示。

图5-9　唯品会"正品+折扣+闪购"模式

1. 正品

"都是傲娇的品牌,只卖呆萌的价格,上唯品会,不纠结。"周杰伦的这句广告语狠狠地"萌"了一把消费者。质量上乘、品质一流一直以来都是消费者的追求,唯品会找到了消费者的需求,只卖大牌成品的服装和产品,也就获得了消费者的认可。

2. 折扣

折扣在促销活动中起到了重要的作用,以低于正常价格的优惠拉拢消费者,让唯品会赚得盆满钵满。

2016年4月19日,周杰伦与唯品会合力打造"一场无与伦比的特卖会",在活动期间,价格惊喜不间断,24小时内进行红包满减的活动,吸引了无数消费者的目光。

其实,从4月11日起,唯品会就进行了一系列的商品促销预热,同样以折扣的形式将消费者的购买欲望提到最顶端,之后在4月19日当天,进行产品的火爆开售,获得了相当优异的销售成绩。

超值的正品却以折扣的形式出售,这种模式让唯品会的活动做得风生水起,并成功吸引了大批消费者的关注和青睐。

3. 闪购

闪购就是限时特卖,本质上是一次特殊的促销活动。限时、限价、限数量是闪购的表现形式,用特别低的价格吸引流量,然后供应一定数量的产品,限定时间进行产品销售。

唯品会的闪购模式周期较短，对物流要求高，这两点要求大大激发了消费者的购买热情。对于物流，唯品会采取"干线运输+落地配送"模式：从仓库到各城市的干线运输，唯品会自建+外包。城市间运输，唯品会则投资当地一家实力雄厚的公司，实现城市乡村无盲点快速覆盖，为唯品会的发展做出了重要的贡献。

唯品会之所以采取闪购的形式，是因为它自身拥有库存，而库存是非常敏感的，能够及时准确地反映商品的售卖情况。时间概念在唯品会整体上体现得都比较好，利于产品快速实现售卖，所以唯品会非常适合做闪购。

5.4 品牌形象树立活动策划

2016年8月23日，天津航空"助梦展翅"公益助学启动仪式正式开启。王老吉与天津航空、神州专车、龙珠直播等企业组成公益联盟，通过线上众筹、线下帮扶的方式，开展公益助学活动。

此次公益活动对王老吉、天津航空、神州专车、龙珠直播等企业的企业品牌形象做了良好的宣传，这就是典型的品牌形象树立活动策划。本节就为大家介绍一下品牌形象树立活动策划的相关知识。

5.4.1 赞助相关活动是绝招

2016年8月22日，里约奥运会正式闭幕。四名志愿者身穿361°提供的志愿者服装站在舞台的中央，接受四名新当选的国际奥委会运动委员会委员的献花。这是中国品牌第一次以奥运官方赞助商的身份登上奥运舞台，为中国品牌在世界范围内的传播做了表率。

今年不仅仅是中国运动员取得了优异的战绩，中国的本土品牌形象宣传也十分出彩。最受瞩目的当属361°，在奥运会上成功取代阿迪达斯（adidas），拿下了运动品牌的顶级赞助。

美的集团从产品服务到赞助曝光全方位包揽，不仅获得里约奥运场馆中央空调的赞助权，还对国家跳水队、游泳队、花样游泳队三大强队进行了赞助。另外，美的又独家冠名了奥运期间央视唯一官方综艺节目《相约里约》，成功吸引了无数人的关注，对产品的品牌宣传做了十分重要的贡献。

现在我们就以在里约奥运会上表现出色的361°为例，为大家讲解一下用赞助相关活动来进行品牌形象树立活动策划的相关知识，如图5-10所示。

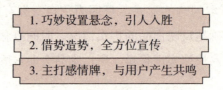

图5-10　361°赞助相关活动的经验

1. 巧妙设置悬念，引人入胜

2016年5月3日晚间，中国游泳名将孙杨在微博上突然发布了一句话，"有一些话不得不说，5月5日晚上，请给我一分钟的时间"，瞬间引起微博的热烈讨论。

利用奥运会期间人们对运动员的关注来设置悬念，成功地吸引了无数人的目光。5月5日，答案揭晓，孙杨在一分钟的《感谢篇》广告中用11个深情的"感谢"，饱含深情地感谢了那些从未感谢过的人，在获得关注的同时，赢得了观众的好感。

2. 借势造势，全方位宣传

在孙杨的广告《感谢篇》获得关注之后，361°借势造势，广告、公关、社交媒体全方位配合进行话题传播，引发粉丝的共鸣。后来，361°又先后放出孙杨和宁泽涛的《重返篇》广告，两个大明星用"穿越"回到小时候对话自己的形式，表达了他们对自己从小热爱的品牌赞助了现在的自己的感慨。

制造话题，引爆社交平台，从而达到传播效果最大化。361°运用两位运动员的故事激发用户的情感共鸣，取得了极佳的品牌宣传效果。

3. 主打感情牌，与用户产生共鸣

361°推出的《感谢篇》和《重返篇》的主题广告都获得了比较好的宣传效果，原因之一就是这两支广告都主打情感路线，深入挖掘孙杨、宁泽涛背后的故事，激发了用户的心理共鸣，将361°的奥运营销理念刻画得更加有深度。

361°作为里约奥运会和残奥会的官方合作伙伴，还为奥运会和残奥会的技术官员、医疗人员、志愿者等提供了超过200多万件奥运官方制服。在里约奥运会的开幕式和闭幕式上，身着361°亮相的志愿者吸引了世界的关注目光。

这一系列的品牌赞助活动，成功为361°的品牌形象的树立做出了卓越的贡献。这一方式既能够获得用户的关注，又能够获得好的品牌宣传效果，可以说是品牌形象塑造的绝招，大家在策划时可以考虑这一方式。

5.4.2　行业十大品牌评选活动策划

2016年7月1日，由中国鞋网承办发起的"2016年度中国鞋业十大品牌"评选活动网络投票正式开启。此次票选活动旨在着力企业与消费者互动、为创业人士筛选最值得投资的实力鞋业品牌项目，引领行业发展方向。

活动开始接到了众多知名品牌的积极报名参与，具体如下：

十大女鞋参选品牌：星期六、丹比奴、迪奥、古驰、达芙妮、FED、百思图、左右缤纷、百田森、步步高……

…………

十大运动休闲鞋参选品牌：贵人鸟、361°、特步、安踏、三叶草、鸿星尔克、彪马、李宁、阿迪达斯……

此次评选活动全程秉持科学、公开、公正的原则，以消费者用户的网络投票评选为基础，以专业用户、专家评审做终评，确保权威。最后，评选活动取得圆满成功。

上面是"2016年度中国鞋业十大品牌"的评选活动，通过这次活动，参评的品牌有了一个更好的宣传，如果能够被评为业内的十大品牌之一，那么对自身品牌形象的推广是十分有帮助的。即使没有被评上，自己的品牌也获得了曝光率，对品牌是有很大益处的。

可以看出，行业十大品牌评选活动对于提升品牌形象益处多多。因此，行业十大品牌评选活动的策划十分必要，那么在策划中需要考虑哪些要素？下面为大家讲解一下，如图5-11所示。

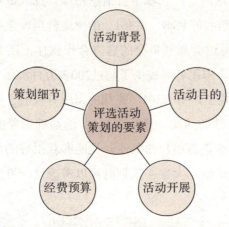

图5-11　评选活动策划的要素

1. 活动背景

在进行策划时，活动背景必不可少。它一般包括：基本情况简介、主要执行对象、组织部门、活动开展原因、社会影响等。

举办行业十大品牌评选活动的背景在策划之前就要提前调查研究好，这样才能为活动的开展提供基础的参考。

2. 活动目的

活动的目的即活动的意义、活动的目标。在做这部分策划时，要用简洁明了的语言将目的、要点表述清楚，并且在陈述目的、要点时，要将该活动的核心构成或策划的独到之处及由此产生的意义重点突出表现出来。

除了上面的要求，还要将活动的目标具体化，标注目标的重要性、可行性和时效性，让执行活动的人员清楚地了解策划的具体目的。

行业十大品牌评选活动的目的，从大的层面上讲，是为了选出行业中的佼佼者，通过示范效应来促进整个行业的发展；从小的层面上讲，就是为品牌做宣传，树立更好的品牌形象，这一目的在策划中要明确地表现出来。

3. 活动开展

策划的正文部分，表现方式要简洁明了，使人容易理解；表述要力求详尽，避免遗漏。如果在此部分中适当加入统计图表，或许会让策划的表述更加清晰。

另外，对策划的各工作项目，应按照时间的先后顺序排列，绘制出策划实施的时间表，便于人员的组织配置和策划实行。

4. 经费预算

行业十大品牌评选活动涉及的参选企业很多，并且企业的实力都很雄厚，所以评选活动的规模会十分宏大。因此，其中的各项费用的计算也是十分重要的，这就需要策划人员在根据实际情况进行具体、周密的计算后，用清晰明了的形式将计算结果列出。

5. 策划细节

策划时应注意活动中的细节，如果内外环境发生了变化，会不可避免地给方案的执行带来一些不确定性因素。因此，在策划中应当把当环境发生变化时是否有应变措施、损失的概率是多少和造成的损失多大都详细考虑到，做好全面的准备工作。

以上就是行业十大品牌评选活动策划中包含的主要内容，大家在策划时，可以参考其中的要点，进行对比分析，并结合自身企业的实际情况进行活动策划。

5.4.3 "第一奶粉品牌"美赞臣热心公益活动获赞赏

2015年12月，美赞臣发起的"陪伴·行走"主题公益活动在广州拉开帷幕，活动采用"亲子义走"的形式，募得的善款全部用于支持"山村幼儿园"。

此次活动所募资金除了支持当地部分"山村幼儿园"的日常运作之外，还将为幼教志愿者培养、儿童营养等方面提供帮助。

美赞臣的公益活动获得了社会的极大关注，同时也吸引了众多的社会人士参与其中。美赞臣在此次活动中不仅帮助了弱势群体，也获得了较高的赞誉，取得了十分理想的活动效果。

美赞臣之所以热心于公益活动，一方面是为了帮助社会中需要帮助的人群，另一方面就是为企业塑造更好的品牌形象。下面就以美赞臣为例，为大家讲解一下品牌形象塑造的相关知识，如图5-12所示。

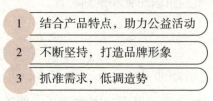

图5-12　美赞臣品牌形象塑造的方法

1. 结合产品特点，助力公益活动

美赞臣是一家以婴幼儿奶粉为主要产品的乳制品公司，所以它参与的公益活动大多与母婴健康有关。它始终将自己的关注点放在自己唯一的受众身上，从每一位有需要的婴幼儿出发，做最懂他们需求的配方奶粉，做与母婴健康相关的公益活动。

救助大头婴儿、关怀智残儿童、开展圆梦行动等，美赞臣的每一次活动都紧密结合了自身的产品，既帮助了需要帮助的人群，又树立了良好的企业形象。

2. 不断坚持，打造品牌形象

美赞臣从1993年进入中国以来，一直坚持做公益活动。2003年支持抗击非典战役，2004年救助大头婴儿，给社会公众留下了深刻的印象。2013年4月20日，四川省雅安市芦山县发生7.0级地震，美赞臣第一时间启动紧急救援机制，通过中国扶贫基金会第一时间捐献10万美元，并向当地捐赠了价值200多万元的10000罐美赞臣奶粉，帮助灾区婴幼儿解决"粮食"问题，为灾区带去更多的关怀和温暖。

长期以来在公益事业方面的工作，让美赞臣收获了社会的赞誉，更对品牌的塑造发挥了重要作用。

3. 抓准需求，低调造势

美赞臣在经营好自身产品的同时，抓住了社会的需要，坚持把社会公益慈善事业作为企业的第二事业，以实际的慈善行为回馈社会和消费者。

2011年美赞臣荣获京华公益奖的"年度最具社会责任企业"奖，扩大了自身的品牌传播力和影响力，是社会和消费者对美赞臣的肯定和支持。

从以上三个方面的分析中可以看出，公益活动的策划也需要注意很多方面。所以，大家在进行产品的品牌形象树立活动的策划时，要结合自身的发展情况，把握好宣传策划的角度，进行全面、细致的策划。

5.5 客户回馈活动策划

"亲爱的顾客，首先对我这次很冒昧地打扰说声抱歉。感谢您在这一年里对我店的关注和信任，我们一直本着顾客至上的原则经营，今年我希望我们能够继续合作，我相信我们的服务和态度将会比去年更好，让您真正有一种宾至如归的感觉。再次谢谢您，希望我们合作愉快。"

上面是一则感恩老客户的致谢短信，每家企业在自身的发展中都会十分重视老客户，老客户会给企业带来丰厚的回报，所以，客户回馈活动策划十分有必要，本节就为大家介绍一下相关的知识。

5.5.1 忠实粉丝需要诚心维护

小米手机的"粉丝经济"让很多业界人士十分眼红。小米公司从无到有，再到现在成为手机行业的佼佼者，与它重视粉丝的程度是分不开的。可以毫不夸张地说，没有小米忠实的粉丝，就没有现在的小米。所以，粉丝的重要性不言而喻，对于忠实的粉丝，大家在策划时要诚心维护。

那么在维护粉丝时，要做哪些方面的工作，如何策划相关的活动呢？下面就为大家介绍一下，如图5-13所示。

1. 差异化对待，满足粉丝需求
2. 开展多种活动，增加持续关注
3. 大数据分析，建立粉丝数据库
4. 深入沟通，提高粉丝用户体验

图5-13　诚心维护粉丝的方法

1. 差异化对待，满足粉丝需求

粉丝与用户不同，两者的需求是有很大差别的。一般来讲，用户追求的是性价比，而粉丝则更多地追求认同感、归属感和参与感等情感需求的满足。所以，要差异化对待粉丝与普通用户，尽可能地满足粉丝的需求。

差异化对待粉丝的方式有许多，建立会员制度是比较常见的方式。企业可以设置一些优惠政策，只有忠实的用户以会员的身份参加才能获得优惠，这样就可以将粉丝从众多用户中辨别出来。除了会员制度外，还可以给予粉丝更多的差异化对待，如小米在新品发布会上将粉丝安置在前排的位置，这就体现了小米对粉丝的重视。

这些方式让粉丝感受到企业对他们的重视，进而让粉丝更加青睐企业。

2. 开展多种活动，增加持续关注

喜新厌旧是人之常情，粉丝忠诚度的构建与维护也脱离不了人性本能。想要培养忠实的用户，就要通过开展多种活动来增加粉丝的持续关注度，进而让粉丝对企业有较高的忠诚度。

想要达成这种要求，还需要企业在粉丝产生厌烦心理之前推出新的产品或者新的玩法。如果本身的魅力程度尚不足够，一旦不能及时有新鲜东西出现，粉丝忠诚度会很快分崩离析。

举例来讲，当三星推出大屏手机后，苹果在长达三年的时间内依然按照自己的节奏，虽然也推出了几款新品iPhone，但却没有针对性地推出新款大屏手机，结果导致大批粉丝流失，市场份额被三星大量侵蚀。苹果的粉丝忠诚度堪称全球第一，但就连苹果违背了及时法则，也会遭到市场的严惩，更何况其他品牌魅力远远不及苹果的产品呢？

3. 大数据分析，建立粉丝数据库

在信息时代，客户通过Internet等各种便捷的渠道都可以获得更多、更详细的产品和服务信息，使得客户比以前更加聪明、更强大、更加不能容忍被动的推销。这样，与客户的感情交流是企业用来维系客户关系的重要方式，日常的拜访、节日的真诚问候、婚庆喜事、过生日时的一句真诚祝福、一束鲜花，都会使客户深为感动。

企业还应该注意到售后服务的重要性，交易的结束并不意味着和客户关系的结束。由于客户更愿意和与他们类似的人交往，他们希望与企业的关系超过简单的买卖关系，因此企业需要快速地和每一个客户建立良好的互动关系，为客户提供个性化的服务，使客户在购买过程中获得产品以外的良好心理体验。这就需要数据库发挥重要的作用了。

4. 深入沟通，提高粉丝用户体验

售后问题也是影响用户体验的关键性因素，客户的需求不能得到切实有效的满足同样会导致企业的客户流失，对于粉丝更是如此。

想要深入沟通，就需要企业改变以往单向的灌输式信息传播方式，尽量与顾客进行沟通和互动，开展多种活动，并且让顾客尽可能地参与其中，才能建立起长期稳定的顾客感情和友谊，从而立于不败之地。

为了避免双方产生误会，一方面，企业应及时将企业经营战略与策略的变化信息传递给客户，便于客户工作的顺利开展；另一方面，要善于倾听客户的意见和建议，建立相应的投诉和售后服务沟通渠道，鼓励顾客提出意见，及时处理顾客的不满、抱怨和投诉。

总之，粉丝对于企业来说至关重要，做好客户回馈活动的策划一定要诚心对待粉丝，让粉丝长期关注企业的发展。

5.5.2　东风日产13周年感恩大回馈活动

2016年8月29日是东风日产建厂13周年的日子，为了感谢广大新老顾客，东风日产特地举行了13周年感恩大回馈活动，活动期间公司拿出百万现金进行

答谢酬宾,"百万现金限时抢"活动获得了广大爱车人士的欢迎,并且取得了突出的业绩。

东风日产13周年感恩大回馈活动能够获得成功,与公司的精心组织策划是分不开的,下面就为大家介绍一下客户回馈活动中的成功经验,如图5-14所示。

1	确定回馈活动的主题
2	重视前期的活动预热
3	选好回馈活动的形式

图5-14　客户回馈活动中的经验

1. 确定回馈活动的主题

不同的活动主题不同,所以在进行回馈活动的策划时要想好活动的主题。以东风日产的这次回馈活动为例,策划人员就是利用了公司建厂13周年的噱头,将活动的主题定为周年庆回馈活动。

商家以庆祝周年庆典的形式举办大促销活动,借机提升产品的销量和效益,这是一种常见的周年庆回馈活动。其他的企业还可以举办特殊节日回馈活动,如天猫的"双十一"狂欢购物节,就是通过策划一场主题活动,大大提高了天猫的销售量。

2. 重视前期的活动预热

在活动举办前,东风日产公司就早早进行了活动的预热,通过各种前期的宣传,为本次建厂13周年感恩大回馈活动造足了声势。线上宣传和线下活动同时进行,在活动的宣传方面与活动主题相互配合,扩大活动的影响力。

另外,在活动期间还需要注意活动氛围的营造,尤其要注意现场的气氛。除此之外,活动舞台、活动场地的搭建、装饰等都要到位,为活动现场气氛做好基本准备。

3. 选好回馈活动的形式

回馈活动形式的选择在策划中也十分重要,举办的一些抽奖活动不只是一个噱头,重要的是如何真正吸引顾客并且让顾客达成交易,这就需要对抽奖环节和奖品种类加以重视。抽奖环节要设置得合理,奖项设置也应充分考虑顾客需求和吸引眼球的能力。

以汽车行业为例,奖品可以是一些汽车的配饰、公司产品代金券等,当然,大奖最好是一辆车,这个奖品有足够的分量,也能够显示公司的实力,增加用户参加的概率,为回馈活动的成功举办增加筹码。

5.5.3 罗辑思维"轻众筹"回馈会员

2016年3月21日,网红papi酱获得真格基金、罗辑思维、光源资本和星图资本联合的注资1200万元。4月21日下午,罗辑思维与papi酱的视频广告贴片招标会在北京举行,最终以2200万元成交。此次拍卖会获得如此成功,罗辑思维在其中的表现可谓功不可没。

除了此次投资网红papi酱外,罗辑思维"轻众筹"回馈会员也获得了人们的关注。下面为大家具体介绍一下,如图5-15所示。

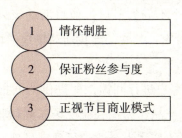

图5-15 罗辑思维"轻众筹"回馈会员的经验

1. 情怀制胜

"爱就供养,不爱就观望",这是罗辑思维运用情怀来制胜的宣传口号。2013年罗辑思维发布了两次"史上最无理"的付费会员制:"普通会员,会费200元;铁杆会员,会费1200元。"奇怪的是买会员并不保证任何权益,却筹集到了近千万会费。

它能够成功的原因就在于罗辑思维抓住了一部分爱读书、爱求知人群的情感需求,依靠"爱就供养,不爱就观望"的情怀,成功筹得了资金。大家在策划文案时，可以借鉴罗辑思维团队情怀制胜的方法，将用户的情感需求放到文案中，使文案更加有血有肉，更容易打动消费者。

2. 保证粉丝参与度

罗辑思维的选题是专业的内容运营团队和热心罗粉共同确定的，他们为罗辑思维每周五的视频节目策划选题，由老罗来白话，用的是"知识众筹"的方式，这一举措保证了粉丝的参与度，也是对粉丝的知识的肯定。

粉丝的参与度增加，使粉丝获得了满足，也是对用户的有效反馈，获得了良好的效果。

3. 正视节目商业模式

罗辑思维的创始人罗振宇从不逃避节目的商业性，它的"轻众筹"回馈会员活动就是一个很好的体现，以资金投入的多少来决定节目中给企业的曝光率。

以《众筹一个"失控的儿童节"》定位文章为例，罗辑思维通过众筹的方式来为儿童节打造一个不同的节日，他将活动策划分为重要的四步，分别为：首先，寻找活动的管家；其次，寻找活动场地；再次，筹集活动资金；最后，面对家庭寻找志愿者。

同样，罗辑思维对客户进行回馈，即提供的回报：捐助5000元，现场可以做宣传；捐助2万元，产品作为福利让现场家庭体验，为产品做免费宣传；捐助5万元，通过讲故事的形式为企业进行独家呈现；如果投资30万元，就能够冠名儿童节活动。

通过这些活动的策划，罗辑思维运营得十分成功，大家在进行客户回馈活动策划时，可以吸收借鉴它的成功经验，为自己的策划增添亮点。

第6章　商会活动策划

2016年5月7日,大连浙江商会举办了一次商会活动——组织会员到大黑山春游踏青。商会的会长、常务副会长以及会员等80余人参加了此次活动。

此次商会活动获得了会员的一致好评,纷纷表示春游活动既能够增强体质、陶冶情操,又可以增进商会成员之间的感情,增强商会的凝聚力,希望商会多多举行类似的活动。

这就是一个典型的商会活动,这次活动受到与会人员的好评与策划人员的努力息息相关。那么如何策划出一次成功的商会活动呢?本章就为大家讲解一下。

6.1 首先明确目的，过程围绕焦点

商会活动作为活动的一种，首先，活动的目的是要明确的，只有明确了活动的目的，才能将活动策划得有方向。其次，策划的过程要围绕焦点，具体该如何展开来，本节将会介绍四种商会活动的策划，教大家如何在策划时有所侧重。

6.1.1 商会成立大会活动策划

2016年8月25日，厦门市汽车租赁商会成立大会在厦门召开，厦门市民政局、市公安局湖里分局、新闻媒体及广大厦门市汽车租赁企业的负责人出席了此次商会成立大会。

厦门市汽车租赁商会自2016年上半年开始筹备，现在已有56家会员单位。成立大会上，审议通过了《章程》《大会选举办法》《会费收取标准》《财务管理制度》等，确立了"诚信、共赢、创新、发展"的办会宗旨。

会上还选举产生了商会的第一届理事会成员，推选出了商会的会长和秘书长等负责人，之后又开展了一系列活动，商会成立大会取得了圆满成功。

这就是商会成立大会的大致流程，在策划这类商会活动时，要抓住此类商会活动的主旨，即"成立"二字，一切围绕这两个字进行策划，找到策划的方向。

明确商会成立的目的有利于在策划时找准方向，一般来讲，商会有三个比较突出的作用，其内容如图6-1所示。

图6-1 商会作用

1. 代表作用

代表作用是行业商会代表并维护该行业的自身利益和权益,能够有效地进行反倾销、反壁垒、反制约,提升行业的层次和档次。

2. 自律作用

自律作用是制定行业公约,维护行业权威,矫正营业的弊害等,推动行业共同进步。

3. 协调作用

协调作用是协调业内企业之间的关系,协调业内企业与业外企业之间的关系,甚至协调外地企业与本地企业之间的关系与纠纷,协调企业与政府部门之间的关系。

了解了商会成立的目的,就能够比较准确地把握商会成立大会活动策划的方向,在策划中就能够做到目的明确,有中心点可以围绕。

以宁波商会成立大会为例,此次活动一是为了展示宁波商会的历史,打造宁波商会的形象;二是为了提升商会美誉度,促进会员企业的健康快速发展。所以,在策划这次活动的时候,无论是活动的前期准备,还是活动过程、执行思路,都是紧紧围绕宁波商会成立开展的。

以宁波商会成立为主题,以演出宁波商会的发展为活动形式,邀请宁波商会的会员参与大会,以宁波商会的发展为演讲主题,大会紧紧围绕商会成立开展,真正做到了目的明确、过程围绕中心点。大家在策划商会成立大会时,可以借鉴他们的活动方案。

6.1.2 商会交流活动策划

商会交流活动与商会成立大会不同,两者在本质上存在区别。大家在策划时,一定要明确成立和交流的区别,才能做好两者的活动策划。

与商会成立大会不同,商会交流活动更加注重"交流"二字,商会成员间的交流是会议的主要议程。下面大家来看一个具体的商会交流活动，就能够看出它与商会成立大会的不同之处。

以两年一届的海内外华人友好商会交流会的会议活动策划方案为例，主要从以下几个方面进行分析。

1. 活动背景

为了给参会的中外嘉宾搭建经贸合作、交流、联谊的平台，吸引更多的海内外工商企业家关注、投资置业，特地举办此次海内外华人友好商会交流会。

2. 会议策划主题

以"沟通、合作、发展、共赢"为商会的主题，通过不同形式的活动进行商会成员之间的交流。

3. 会议策划内容

按照惯例和实际情况，交流会安排迎宾晚宴、开幕式、商会机构会议、项目推介、商贸洽谈、主题演讲、投资环境考察、联谊交流、闭幕晚会等主旨活动。

其中，项目推介、商贸洽谈活动会通过举办"华商项目推介会"的形式进行，并以"华商投资论坛"的形式举行主题演讲。此外，还将举办"亚奥杯"华商高尔夫友谊赛和"激情海南"大会的闭幕歌舞晚会，以丰富内容和活跃气氛。

6.1.3 商会庆典活动策划

"十年铸就辉煌，开创百年未来！"是广州市皮具商会成立十周年庆祝活动的主题。活动的发起人和主办者希望通过举办十周年庆祝活动向中外各界人士展示广州皮具皮革行业发展的辉煌成就。

接下来，本节就以《广州市皮具商会成立十周年庆祝活动方案》为例，为大家讲解一下商会庆典活动策划的相关知识。

首先，商会庆典活动的策划与一般的活动策划相同，明确主题是策划成功的关键。既然是庆典，就会有庆祝、喜庆的含义，所以打造庆典气氛十分重要。那么在策划时如何突出这一点，这就需要做以下几个方面的准备工作，如图6-2所示。

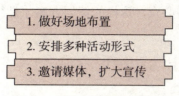

图6-2　打造庆典气氛的要点

1. 做好场地布置

场地布置能够在直观上体现活动的气氛，所以在场地的选择上，首先要体现出庆典的特色。场地既可以选择在户外，也可以选择在室内，重要的是要与周年庆典的内容相统一，体现出喜庆、热烈的氛围。

在背景布置上注意做好主题背景板，内容要涵盖商会庆典有关喜庆的内容，颜色、字体要注意美观大方。场地的外围布置，如场地的外横幅、竖幅、飘空气球、拱形门等都要突出庆典的气氛。

2. 安排多种活动形式

除了必要的演讲和主题讲话，多种活动形式也是商会庆典活动的点睛之笔。比如，晚宴氛围的好坏会直接影响商会庆典活动的整体气氛，融洽的晚宴能够让参会的商家感受到庆典的真正含义，让庆典更加成功。

除了晚宴外，如果在商会庆典活动中安排一些开场表演或者是在结束之前安排一场烟花表演，就更加符合中国人对节日的定义，使参会的商家对商会庆典的印象更加深刻。

3. 邀请媒体，扩大宣传

媒体在扩大宣传的效果上可以说举足轻重，如果能够邀请足够多的媒体对商会庆典活动进行报道，商会的知名度会更上一个台阶。所以，邀请媒体、扩大宣传就能够将商会庆典引向另一个高潮。大家在策划时，可以考虑用这种方法。

总而言之，在进行商会庆典活动策划时同样需要明确活动策划的目的，让活动的过程紧紧围绕中心点，这样的策划方案才是行之有效的。

6.1.4　商会外出活动策划方案

"为丰富员工的文娱生活，增进员工之间的沟通交流，增强公司员工的凝聚力，公司将组织全体员工去欢乐世界一日游，远离都市的喧嚣，放松自我。"

在策划商会外出活动时，也要谨记明确活动的目的这一要点，结合商会外出活动的特点，做好活动的策划方案，那么具体包含哪些方面呢？下面为大家着重介绍一下，如图6-3所示。

1	明确主题，加强交流
2	注意安全，健康为本
3	组织有序，活动多样

图6-3　商会外出活动策划方案的要点

1. 明确主题，加强交流

策划商会外出活动的方案，首先要明确商会的主要作用，就是联系作用，明确了这一主题，就能够在策划时，准确把握好方案的目的。

成立商会一是为了抱团合作，二是为了资源共享。正所谓独木不成林，单打独斗很难在激烈的市场中存活下来，所以众多商家通过商会牵头，强强联手，进行资源互补，希望能够以强带弱，共同发展。

明确了外出活动策划的目的是加强交流，在策划中，就要多创造一些增进会员之间感情的活动，一切围绕增进交流这样目的进行策划。

2. 注意安全，健康为本

商会外出活动本身存在一定的安全隐患，在组织人员活动时，要特别注意与会人员的安全问题，以会员的健康为本，安全第一。在策划外出活动的形式时，要进行安全隐患的排查，避免一些高危险的活动，如漂流、激流勇进、蹦极这些极具挑战性的活动，大家还是要尽量少组织，避免出现意外。

另外，在外出活动时，要尽可能多地设置领队、后勤、安全员和联络员，共同负责外出活动的具体事务，为外出活动提供安全保障。

3. 组织有序，活动多样

在组织商会外出活动时，要特别注意策划组织的有序性，比如在外出之前，主办方安排专车在特定的地点进行统一接送。根据具体的情况，考虑参会人员的意愿，合理安排车辆和接送时间。

另外，外出活动的形式要多样，可以让商会的会员在多样的活动中以不同的形式和更多的会员进行沟通和交流，加强他们之间的联系，增强商会的凝聚力。

6.1.5　参考模板：互联网金融协会助力普惠金融

2016年3月，中国互联网金融协会在上海黄浦区召开成立会议暨第一次全体会员代表大会，上海市市长杨雄和中国人民银行副行长潘功胜共同为协会揭牌。

中国互联网金融协会是由中国人民银行会同银监会、证监会、保监会等国家有关部委组织建立的国家级互联网金融行业自律组织。

在国务院"关于印发推进普惠金融发展规划（2016—2020年）的通知"中，特别提出要发挥互联网促进普惠金融发展的有益作用。

在这一系列的政策推进中，互联网金融协会成立，并且对普惠金融提供了很大程度上的助力，这就是商会对商会会员的帮助和支持，即策划商会活动的意义。

互联网金融依靠技术创新与商业模式创新，能够有效解决传统金融覆盖群体有限、服务质效不高等问题，助力普惠金融的发展。

举办商会活动，会员在会上进行交流活动，能够总结经验，发挥商会的作用，利用互联网技术、大数据、云计算崛起的互联网金融，形成大数据的风控能力，降低成本，破解普惠金融深化发展难题。同时，还能让金融服务真正普惠大众，为国家的金融体制改革提供有益支撑。

从互联网金融协会助力普惠金融的案例中可以看出，商会对于企业或是项目的发展是十分有利的，在策划相关的商会活动时，要分清商会活动的形式，搞清楚商会活动是成立大会还是庆典，这些对于确定策划主题和方向有重要作用。

6.2 活动主题设计要引人注目

人们常说，好的文章标题是文章的眼睛，同样，商会的主题也担负着商会活动的重要职责，活动的主题设计得引人注目，就可以吸引更多企业参与，获得更多的资源，汇聚更大的商业凝聚力。所以，在策划商业活动时，主题一定要设计得抓人眼球。

那么如何设计才能吸引人的注意呢？本节内容就为大家讲解一下相关的知识。

6.2.1 主题要让参与者都感兴趣

2016年8月25日，由3A云、A5站长网联合主办的"2016长三角互联网大会暨3A云发布会"在常州举办，此次大会汇聚了来自北京、上海、广州等地300多位业界人士。

会上，与会者分析了当下互联网发展的趋势，总结分享了互联网创业与发展的经验，还共同探讨了未来互联网创业的机遇与前景，引起了强烈反响。

此次大会能够成功吸引北京、上海、广州等地300多位业界人士参会，与商会的主题是分不开的，好的主题能够不断地吸引对它感兴趣的人，引导这些人员参加会议。

下面就为大家介绍一下如何做一个优秀的主题,让参与者都感兴趣,如图6-4所示。

图6-4 主题让参与者感兴趣的方法

1. 与之切身相关

实践证明,企业最为关心的是自身的"成长"问题,而企业家则多关心的是"学习""充电"。围绕各个行业中普遍存在的问题,北京和山东的企业商会先后举行了金融、创业投资等行业主题沙龙;围绕企业家自身,商会举行了读书会、演讲会、文艺会演等活动,吸引了众多企业家的参会。

这些活动大多与参会的企业切身相关,能够了解和学习行业内的知识和经验,所以大部分企业看到商会的主题,就会慕名前来。

2. 因时而定

商会举办的时间和活动的形式,是商会举办活动的秘密武器,在确定商会主题时,可以参考当下的热点事件进行选择。举例来讲,全国两会期间,学习党的重要会议精神,国家出台重要政策解读,这些都可以作为商会活动的主题。一些与企业息息相关的政策出台会吸引大批企业的关注。

此外,策划时也可以围绕会员"企业时间"确定主题,如企业开业、上市、周年庆典、新产品上市发布会等,都可以作为商会的主题。

3. 大范围概括

商会的成员众多,处于不同发展阶段、主营业务不同的企业代表会有各自的主要需求和兴奋点。举例来讲,同样的问题,对于小微企业而言可能是个大难题,但对于有相当规模的企业而言可能就是个历史性的问题。

所以，在策划时，大家可以将主题的范围扩大，把各有侧重的小问题概括总结为大问题，基本能够在纵向和横向上确保与会的企业家对其中涉及的小问题产生兴趣。这样就达到了吸引人员参会的目的。

6.2.2 选择场所要切合活动主题

商会的活动分为成立大会、交流活动、庆典活动和外出活动等多种形式，所以在选择活动场所时，要注意切合活动的主题。

商会成立大会和交流活动在策划时，需要选择比较正式的场合。一般来讲，大型的酒店会议厅以及专门开设会议的场所作为成立大会的场所比较适宜；在策划商会庆典活动时，要注意选择的场所应满足庆典的要求，一般会选择气氛较浓烈的场所，借此来表现庆典活动的主题；而外出活动时，就要注意选择的场所的安全性，要尽可能地考虑成员参会的便利性，保证商会活动效果。

实践证明，活动场地选择正确对活动的成功举办起着重要作用。举例来讲，山东商会在两年间组织了6次游学沙龙，在北京近郊、河北张家口、天津蓟县均取得了很好的活动效果。

每次游学，商会活动的策划者会设置4~8个小主题，包括旅游、投资考察、企业观摩、户外拓展、创业训练营、爱国主义教育等主题，做到边游边学，收获全程，获得参会人员的一致好评。

所以说，在策划商会活动时，要切合活动主题来选择场所。商会活动主题的确定也可以因地制宜。特定的环境不仅是活动举行的必要因素，还是对于活动主题有益的补充。

总之，场所的选择要切合活动的主题，充分考虑商会活动的目的，让参会人员充分感受到商会的交流、协同作用，增强商会的凝聚力。

6.2.3 让参与者听到行业最真实的声音

商会活动的主题设计想要引人注目，就要满足让参与者听到行业最真实的声音的条件。由于商会的形成以加强与会人员和企业之间的联系，分享行业经验以达到提高自身企业发展为目的，所以，在策划时，活动的主题一定要让参与者听到行业最真实的声音。

那么如何对活动的主题进行策划才能够让参与者听到行业最真实的声音呢？下面为大家介绍几种方法，如图6-5所示。

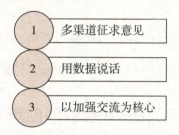

图6-5　让参与者听到行业最真实的声音的方法

1. 多渠道征求意见

活动主题的设计要让参与者听到行业最真实的声音，大家可以采用多种渠道征求意见，诸如使用网络、电话、邮箱等方式听取商会会员的建议，并对他们的建议予以重视和回复。另外，在征求意见时还要考虑商会成员的年龄问题，做到因人制宜。

2. 用数据说话

随着科学技术的发展，大数据逐渐显露头角，用数据说话能够在很大程度上直观地说明行业的发展情况。随着数据来源的不断增长，形成了大量的数据流，其蕴含的巨大价值吸引了各行各业的争夺。

在商会上，如果能够用数据说话，就能够吸引到众多商会会员的参与和关注，也能够为参会的会员带去行业最真实、最有效的行业信息，这样的商会活动才是会员真正需要的。

3. 以加强交流为核心

行业间经常会存在信息不对称、资源配置不合理的现象，如果在策划商会活动时，以加强会员之间的交流，分享行业中的真实信息为主题的话，就会更加引人注意。

以山东商会为例,近年来不仅发起成立了金融、法律、媒体、教育等专业委员会(俱乐部),还组织了户外健身、女企业家、创业营等综合类群体,通过网络线上交流和线下活动互动,进行了有效整合,吸引了大批商会会员参加,商会活动也越办越成功。

所以,在策划商会活动时,我们让参与者听到行业最真实的声音能够让活动的主题更加引人注目。上面三种方法,大家可以参考使用。

6.2.4 "MIIC2016移动互联网创新大会"活动策划

2016年7月16日,"MIIC2016移动互联网创新大会"圆满落下帷幕,本次会议聚焦移动互联网领域的创新与变革,讨论了新形势下移动互联网创新的相关事宜,获得参会人员和社会各界的一致好评。

此次会议为期两天,是一次比较典型的商会活动。商会的主题为"移动互联网创新",主题设计得引人注目,几乎所有与移动互联网相关的人士看到这一主题,都会对其产生兴趣,加之这两年创新的风头正盛,因而这次会议获得了更多的关注。

当机器人AlphaGo在"围棋人机大战"中获胜之后,中国互联网的发展思维被撕开一条缝隙,以前中国互联网的发展更多是得益于人口红利和巨量资本。而下一波互联网的发展则更倾向于技术的进步、超级IP的培育和发展、全新生态的建立以及对数据的占有和深度挖掘。

以此为背景,此次大会特别邀请了30多名互联网行业的专家作演讲嘉宾,设置了"移动互联网产业逆转的方向""技术革新与发展""共享经济2.0时代样板""新物种带来的创刻未来"等十大商会主题,紧紧围绕移动互联网的创新进行深度研究和解析。

可以从上面的案例中看出,商会活动的主题设计要引人注目需要具备一定的条件。

一是主题要让参与者都感兴趣,"MIIC2016移动互联网创新大会"的主题真正做到了这一点，十大主题的设置让互联网行业的人士十分感兴趣。

二是选择场所要切合活动主题，此次大会选在互联网企业集聚的北京召开，体现了互联网的紧密联系性和包容性。

三是让参与者听到了行业最真实的声音，通过这十大主题的策划，将行业的发展近况和未来发展趋势都做了详细的总结和分析，真正让与会者感受到了商会的价值。

总之，在策划商会活动时，我们要注意活动的主题设置，充分考虑与会者的需求，将主题设计得引人注目。

6.3 与会嘉宾要有代表性

因为时间、场合、日程安排等各种原因，商会邀请的人员和参会的人员并不能达成一致，所以，这就需要策划人员在策划时，注意与会嘉宾的代表性。什么样的嘉宾是具有代表性的呢？

涉及行业不同领域、优势各有侧重的企业更加受到商会组织者的欢迎。本节就带大家具体了解一下策划时做到与会嘉宾有代表性的相关要求。

6.3.1 涉及行业不同领域

某行业大会上，参会的老板分别从事茶叶批发、茶馆、茶具、电子商务、茶叶品牌连锁等不同的主营业务，而且企业规模和用人需求也各有侧重。在会上，他们不仅从自身的领域出发分享企业经营经验，还获悉了相关领域的发展情况，纷纷表示在此次商会上获益良多。

大会获得了与会人员的一致好评，因为参会的人员分别代表了不同的企业，涉及行业的不同领域，这样参会者就能够对整个行业有一个全局性的认识。参会者不仅仅能够从竞争者身上取长补短，还能够从纵向的联系和比较中获取产品的相关行业的情况，对自身的企业有更深的了解。

所以，在策划商会活动时，嘉宾的邀请也需要策划人员开动脑筋，去思考邀请谁做商会的嘉宾比较合适。解决办法就是邀请涉及行业不同领域的企业家参加商会，更能达到商会多方面、多渠道沟通的目的。

举例来讲，如果在商会上邀请的嘉宾都是来自同行业的同一领域的企业家，那么他们在会上交流时只能够从横向比较的角度来了解自身企业的发展，对于行业内相关领域的技术和发展不能够有深入的了解和探讨，对自身企业发展的判断也就缺乏一定的基础，不能够全面系统地从商会中获得全面的信息，商会的作用也就大打折扣了。

所以，如果有条件，在邀请与会嘉宾时，要充分考虑商会的主题，一切围绕解决行业内的问题来策划，邀请行业不同领域的嘉宾参会，增加商会的全面性。

6.3.2 优势各有侧重

2015年12月16日，第二届世界互联网大会在浙江乌镇开幕，中国国家主席习近平出席了开幕式并发表了主旨演讲。

同时吸引人们眼球的还有全球互联网行业的大佬和巨头们，他们聚集乌镇，全球互联网行业再次进入一年一度的"乌镇时刻"。世界经济论坛创始人克劳斯·施瓦布（Klaus Schwab）、联想集团创始人柳传志、阿里巴巴集团董事局主席马云等互联网行业的大佬和巨头们受邀在会上发言，他们从自身的企业发展角度对互联网的现状及发展情况做了经验总结，受到社会各界的关注。

所以，在商会活动中邀请嘉宾时，除了涉及行业不同领域之外，还要对不同领域的优秀企业加以重视。因为商会活动举办的意义就在于分享行业中的优秀经验，所以，邀请行业内优秀的企业家参加可以大大提高商会活动举办的价值。

下面就为大家介绍一下邀请优势各有侧重的企业家做嘉宾的益处，如图6-6所示。

图6-6　邀请优势各有侧重的嘉宾的益处

1. 经验更丰富

对于参会的企业家而言,获取行业相关的优秀经验是他们的主要目的。优势企业的实力雄厚,经验更加丰富,所以在会上这些具有优势的企业家分享经验时,讲解比较细致到位,方法也比较实用,丰富的经验更有利于自身企业的借鉴和发展,所以更能够获得参会人员的关注和青睐。

2. 说服力更强

每一家企业都有自身精通的领域,也有企业发展的短板,在策划时,邀请的嘉宾优势各有侧重,能够让更多的企业家分享自身的优势和发展经验,而这些经验都是经过市场和消费者认可的,所以他们的经验更加具有说服力。

3. 借鉴经验更全面

每一家企业的优势各有侧重,这样可以聚集多方的优势,从产品的生产企业到产品的销售企业,产品的整条流水线都能够获得宝贵的指导性经验。对于一些遇到瓶颈的中小企业来说,能够在这些独具优势的企业家的演讲中获得解决问题的方法,找到企业自身的发展出路,有利于全方位地剖析企业自身的发展,获得全面的企业经营经验。

6.4　呈现形式需要打动人心

商会上的演讲与高峰对话往往能成为会议的亮点,在策划商户会活动时,为了满足呈现形式需要打动人心的要求,往往采用这两种形式,下面为大家讲解一下这两种形式的相关知识。

6.4.1　主题演讲识好汉

"互联网的特性就像乌镇的水一样。水是无处不达、互相连通、清澈透明的。水又是公共的，需要共同治理。

互联网已经把人类变成了一个共同体，你中有我，我中有他。互联网的技术正在发生天翻地覆的变化，技术未必都是好的，技术也会带来很多麻烦。

这次我看到了'互联网之光'博览会里有很多优秀的产品、技术。过去20年，我们把人当作机器，未来很有可能我们会把机器当作人。我相信衡量一个企业、一个人的成功不是你获得了多少权力，不是你赢得了多少财富，也不是你头上有多少花环，而是让你的客户、员工以及整个社会赢得更多的权利，获得更多的资源、财富、光环，这才是真正的成功。"

上面是马云在第二届世界互联网大会闭幕式上的演讲"互联网把人类变成共同体"的部分内容，在会议上马云细细分析了互联网的特性和发展，将互联网把人类变成共同体的主题演讲得十分精彩，受到了与会人员和社会人士的广泛关注。

在此次大会上，马云和众多互联网行业的大佬和巨头们发表了精彩的演讲，为互联网行业奉献了一场意义非凡的商会活动。

演讲作为商会的一种表现形式，为商会增添了许多有价值的东西。在策划时，如果能够邀请到足够有分量的行业领军人物为商会活动做主题演讲，会大大增加商会活动的吸引力和精彩程度。所谓"主题演讲识好汉"就是说要在商会活动中加入演讲这一形式。大家在策划时，可以考虑这种形式的实际运用。

6.4.2　高峰对话辩英雄

2015中国绿公司年会，阿里巴巴集团董事局主席马云和大连万达集团董事长王健林的辩论在网络上广泛传播。两位商界的传奇人物的对话辩论着实让人感到精彩。

在会上,王健林发表演讲说万达要O2O,而马云在演讲中指出O2O本身就是个伪命题。王健林说万达要实现"互联网+",马云说万达需要考虑的是"传统经济+",马云在演讲中将传统企业比作坦克,并形容坦克加上翅膀也成不了飞机。王健林对此表示,飞机是从地上起飞的,最终还得回到地上来。

这一系列针锋相对的辩论让传统经济和互联网经济两者的发展也受到了公众的关注,给商会活动赋予了更大的价值。与之类似的还有2014年的首届世界互联网大会,在会议上的"中外互联网领袖高峰对话"环节中,马云、李彦宏、雷军、张朝阳、刘强东等人展开了激烈的观点碰撞。

在会上马云称"钱多是一种负担",李彦宏回应称"机会多也是负担";刘强东阐述了京东模式:"我们和阿里不一样",马云称"要培养更多类似京东的企业";会上,当谈到互联网时代的隐私问题时,众多大佬认为随着互联网的发展,个人隐私其实不是问题,而搜狐公司董事局主席张朝阳则坚持对隐私问题的重视。

这些都是高峰对话中的片段节选,在商会上,能够邀请到业界的知名人士进行高峰对话,与会人员可以从中获得许多业界的前沿信息和经验。策划时,如果使用这种形式,能够在很大程度上打动业界的人心,吸引到更多的人员参加商会,商会活动也会获得相应的成功。

6.4.3 参考模板:2016年江苏互联网大会形式多样,玩嗨现场

2016年11月,第四届江苏互联网大会正式拉开帷幕。会议期间,活动的形式多样,现场的气氛也十分热烈,会议最终取得了圆满成功。

此次商会能够给策划商会的人员很好的启发,如图6-7所示,本节就为大家介绍一下本次互联网大会的四大亮点。

1. 大咖嘉宾做演讲

2. 高峰对话有英雄

3. 七大分论坛藏知识

4. 精彩创意处处现

图6-7　2016年江苏互联网大会的四大亮点

1. 大咖嘉宾做演讲

会议期间，中国工程院院士曹福亮、苏宁云商董事长张近东、腾讯公司控股董事会主席兼首席执行官马化腾、京东集团首席执行官刘强东、滴滴出行总裁柳青等互联网领域专家、知名企业高管、互联网行业高层到场参会，并且为参会的人员带来主题演讲。

此次大会聚集了众多业界高层人物参会，会议的规模宏大，受到业界人士的广泛关注，扩大了会议的影响力。

2. 高峰对话有英雄

大会特设论坛邀请了江苏省通信管理局领导、江苏省运营商领导以及华为公司高层到场做主题对话，对"网络强国战略如何引领江苏网络飞速建设和发展""十三五网络建设规划交流"等问题做了高峰对话，畅谈了5G发展的未来，为江苏互联网行业的发展指明了道路。

3. 七大分论坛藏知识

在会议的策划阶段，为了满足业内不同需求，分享互联网最新成果，协办与支持单位一同开设了大会的七个分论坛，除了"企业大咖对话网民大咖"这一主题论坛外，另有新媒体、分享经济和智慧家庭、大数据和云计算等七个分论坛，每个分论坛由专业人士带来专业的情报与解读，并通过视频展示、TED演讲等多种形式予以呈现。

4. 精彩创意处处现

此次江苏互联网大会的创意十分精彩，并且在细微之处都有体现，火车头是签到处，二维码扫描电子门，VR技术打造展厅，现场体验区更是由智能医疗、机器人、智能购物、智能家居等多种高科技元素打造。处处体现着互联网的思维创意，让人惊叹不已。

6.5 议程设置调动每个参会者的积极性

会议的成功与否和与会人员的积极性有很大的关系，所以在进行商会活动策划时，议程设置要能够调动每个参会者的积极性。那么具体该如何进行策划呢？下面就为大家提供几种解决的方法。

6.5.1 制造话题要兼顾各方

在策划商会时，想要实现议程设置能够调动每个参会者积极性的目的，就要在制造话题时兼顾各方。

举例来讲，2016年7月15日—16日，2016移动互联网创新大会在北京举行。本届大会以技术大逆转为主线，围绕"重启创新"展开讨论。

此次移动互联网创新大会的话题都是会议举办人员精心挑选的，兼顾了参会各方的意见，考虑了多个方面，进行了议程设置。

其中人工智能话题作为2016年全球最热门的话题之一，成功登上此次大会的话题榜首，成为会议探讨的中心议题。

由于机器人AlphaGo的胜利，中国互联网的发展思维被撕开一条缝隙，让人们逐渐意识到，技术正在成为未来发展的决定性因素，因此会议的主办方专门邀请到了百度人工智能技术专家赵世奇博士发表《人工智能：从丑小鸭到白天鹅》的主题演讲，给人们带来人工智能领域新的思考。

除此之外，随着网红papi酱在2016年4月获得1200万元人民币的投资，"网红"成为整个互联网圈的宠儿，IP概念被进一步炒热。在此次会议上，为了凸显这种现象，主办方专门设置了IP大爆发的话题，并且邀请了著名导演陆川、起点中文网联合创始人罗立等运营IP产业的资深专家，从多个维度来共同探讨中国文化娱乐产业IP的发展。

"人工智能"话题和"IP大爆发"的话题充分体现了商会话题设置的关联性。除了这两个话题外，"新兴商业模式""大数据商机"等话题的设置都参考了参会方的需求，将最有价值、参会方最感兴趣的话题提炼出来，精心设计了话题点。在会上，各方都对这些话题表示了极大的兴趣，并认真对话题进行了研究和探讨，获得了与会成员的一致好评。

从上面的互联网大会中可以看出，在策划商会时，一定要将话题设置得全面，最好能够覆盖全部的与会嘉宾，这样能够最大程度上调动与会方的积极性，让他们充分加入到商会的活动当中，获得更好的商会活动效果。

6.5.2 让互动环节成为高潮

互联网时代，人们的主动性被充分发掘出来，人们不再满足于被动地接受消息，而是更乐于传播消息和进行互动。同样，作为商会活动，与会人员之间的互动也是十分重要的，互动能够直接影响商会活动的效果。

以茶商行业的商会活动为例，在研讨会的议程设计中，除了行业佼佼者和专家的演讲外，每位参会的茶企业老板均有10分钟时间来介绍本企业的人力资源状况以及面临的一些问题，充分调动了参会人员的积极性。

在会员发言完毕后，再由专家对企业的情况和发言做总结和分析。在这一环节中，分享成为会议的主题，每一位参会的企业家都能够将自身的经验和疑问表达出来，和同行业的人进行交流和探讨，既让企业代表和与会专家感到耳目一新，又切合了行业的实际需求。

最后，不但没有出现与会人员提前离开的场面，反而出现了会议时间延长及转移会场的场景，这就是互动给与会人员带来的牵引力。

总而言之，互动环节的设置因为能够让与会者充分表达自己的意见和获得答疑解惑，往往成为商会活动中的高潮。所以，在策划相关活动时，要注意延长互动环节的时间，以便于各个商会成员之间或成员与专家之间的交流和探讨。

6.5.3　第二届世界微商大会——魔库免费送伞引关注

2016年4月11日,第二届世界微商大会暨411移动电商购物节在浙江省义乌市开幕。大会吸引了来自韩国、加拿大、意大利等12个国家的557个微商代表团参加,涉及664个品牌,到场参加会议的人员高达数万,会议现场十分热闹。

当天除了正常的会议外,一场意外的春雨给一家企业带来了意想不到的营销活动,瞬间点爆了整个会议现场。这家企业就是参会的微商服务商——首款微商美图神器魔库。

魔库APP是一款可以为卖家提供专业级别的个人水印、营销模板、促销海报等卖货功能的手机应用软件,能够解决微商界卖货图设计简陋、营销效果有限等问题。就是这样一款APP的运作团队借助了这一场及时雨,吸引了大量与会人员的注意力。

事情的经过还要追溯到会议的前一天,魔库团队到会场准备时发现,义乌近日一到下午就会下小雨,魔库团队发现了这一契机,连夜定制了上万把带有魔库LoGo和下载二维码的雨伞,第二天到会议现场给微商代表们送去免费的福利,为魔库自身的品牌狠狠地宣传了一把,起到了显著的宣传效果。

魔库CEO提到:"人天生具备对事态发展的预判能力,所以,相信美好的事情总会发生。而事实上美好的事情很少出现,因为用脑子想和行动是两码事。当义乌的空中飘起雨点,对于魔库和微商团队而言,当下的美好,仅仅是一个开始。"

这就是魔库团队在策划此次活动时的匠心独运,借助这一场"及时雨"为自身做了一场绝妙的产品营销。巧借下雨免费送伞的手段将参会的人员的积极性调动起来,让自身的营销成为整个大会的高潮。

魔库团队的做法确实值得策划人员借鉴,在商会的策划中,如果也能够像魔库团队一样,充分利用机会做好产品的宣传,调动参会人员的积极性,就能够取得良好的活动效果。

6.6 在活动中提升商会凝聚力

大连徽商商会可以说是最有凝聚力的商会，它的会员可以从中获得友情、平台、资源和帮助，成员之间互帮互助，关系十分融洽。

本节就为大家讲解一下如何在活动中提升商会凝聚力的相关知识。

6.6.1 要学会说"情话"

众所周知，商会在举办活动时都会有大会主办方的开幕致辞或是致谢演讲，这是商会活动中必备的一项会议内容，目的就在于在致辞或演讲中表达商会会员对商会的支持和感谢，借此来加强商会会员的向心力，提升商会的凝聚力。

以此观之，在商会活动中学会说"情话"是十分必要的。以生活中常见的现象举例，老公外出应酬，老婆会在家等他，在老婆打电话时就可能会出现两种截然不同的情况：第一种，"这都几点了，还不回来，又去喝酒了吧，整天没点正经事情，就知道喝酒……"这种情况下，老公心里会很难受，就算忙完了应酬也会拖着不回。

第二种，老婆给老公打电话："老公，已经很晚了，我都想死你了，忙完活早点回来哦。"这时，老公就算在工作，也会衡量一下工作和家庭哪个更重要，多半会放下手头的工作回家。

从上面的案例中就可以看出，在生活中，夫妻间的情话是必要的，而在商会活动中，学会说"情话"也是必要的。因为商会毕竟不同于企业，商会不会给会员单位发工资，不参与会员单位的人事、财务等事情的决策。所以，商会对会员单位不具备约束力，况且，会员来自各行各业，层次不同，它们是否加入商会全凭自己的喜好。所以，想要提升商会的凝聚力，就需要学会说"情话"。

那么如何通过学会说"情话"来提升商会的凝聚力呢？下面就带大家学习一下，如图6-8所示。

图6-8 说"情话"的方法

1. 重视沟通

在商会中，秘书长的地位举足轻重，担负的责任最重。在商会活动中，秘书长的职责是参与商会理事会决策、主持商会的日常工作。秘书长在商会理事会和会员之间起着桥梁纽带的作用，上情下达、下情上报。

如果秘书长在商会中的沟通联系工作做得十分到位，将"情话"说得委婉动听，抓住了商会成员的心，就能够很好地提升商会的凝聚力。

2. 坚持三个原则

团结会员的一个重要内容就是要坚持三个共享原则：资源共享、信息共享和利益共享。成立商会的目的就是增加成员之间的沟通和协作，希望以资源共享、信息共享和利益共享的形式助力于会员企业的成长和发展，进而促进整个行业的发展。所以，在商会活动中坚持这三个原则，再辅之以说"情话"的技巧，一定能够把"情话"说得既打动商会成员的心，又提升商会的凝聚力。

3. 多举办活动

想要学会说"情话"，就要有说"情话"的场合，举办多种形式的活动能够增加会员间的见面、交流机会，进而为说"情话"搭建好平台。如果商会平时的交流活动比较多，在彼此的碰头、沟通中，就可以实现信息的流通、对接，会员彼此之间熟悉起来，这也无形中提升了商会的凝聚力。

另外，创办商会内刊、建立网站和微信群、定期聚会、召开会长级会议、组织联谊会等形式也能够为说"情话"提供条件，说"情话"加强了会员之间的沟通联系，提升了商会的凝聚力。

6.6.2 最有凝聚力的商会——大连徽商商会

2015年10月26日,大连徽商商会第八期会员主题沙龙在龙徽国标贸易有限公司会所举办。

这次活动的主题是新老会员交流座谈,活动邀请到了大连市经合办交流联络处处长观摩指导,商会会长、副会长、秘书长等近30名领导、会员参加。在活动中,新老会员互相交流、分享经验,气氛十分热烈。

交流分享活动由秘书长主持。首先进行的是大会的致辞,商会的秘书长在致辞中表达了商会对于会员的肯定和感谢,并且表达了商会对于会员的殷切期盼,希望会员之间加强交流和合作,彼此帮助支持,彼此赞赏,这样商会才会日渐成长、成熟和壮大,从而实现会员们入会的初衷。

活动期间,每位会员都介绍了自己的公司的整体情况和经营范围,讲述了自己和企业的故事,分享了行业经验和信息资源,演讲风格不一,各有特色,拉近了彼此的距离,使各个企业对整个行业的信息和发展情况有了初步的认识。

据了解,商会在为会员提供服务时面临的头号难题,即在当前经济形势发展不稳的情况下,如何跨界做活动,让所有企业融会贯通、互惠互利,继而转化为生产力,提高资源配置效率,解决信息不对称,有效节约交易成本的问题。

大连徽商商会针对这一情况,每月举办沙龙活动,为解决这些难题做了很多工作。特别是通过沙龙活动树立了徽商形象、打造了徽商品牌,成为大连异地商会学习的榜样,也得到了政府和企业组织的好评。

其实,作为一个集中了大量企业家的资源平台,在各种新的商业模式、新的技术和应用不断涌现的今天,商会活动的创新空间非常辽阔,提升活动策划的专业性与创新点将会为商会带来多维度、深层次的影响力。

大连徽商商会定期为徽籍企业家们提供这样的平台,分享资源,畅谈乡情。交流的同时,更多的是有价值的收获。大连徽商商会充分发挥商会综合和团体的优势,集会员之所长,整合和利用各种社会资源,使之真正成为经济发展的纽带,不仅仅造福了商会的成员,也对整个地区的经济繁荣做出了贡献。

第7章　文化娱乐活动策划

每年的春晚都是全国人民关注的焦点。中央电视台春节联欢晚会每年由中央电视台制作播出，是全国规模最大的综艺性文艺晚会。

2016年的春节联欢晚会以中央电视台一号演播厅为中心，打破先例地设置了泉州、西安、广州、呼伦贝尔四个分会场，表达了四海一家的主题。

此次晚会以"你我中国梦、全面建小康"为主题，通过歌曲、舞蹈、小品、杂技、情景剧等生动形象、富有感染力的艺术形式，回顾了我国建设小康的可喜成就，展现了全国人民决胜小康的坚定信心，分享了全面小康的美好愿景，表达了中华儿女欢庆团圆、共迎新春的喜悦之情。

会后，社会各界对本届春晚给出了很高的评价，对策划此次春晚的导演以及策划人员进行了赞赏和褒奖。

春晚就是最大、最为典型的文化娱乐活动，此类活动在策划中十分常见，本章就带大家一起学习一下文化娱乐活动策划的相关知识。

7.1 阿里巴巴2016年"双十一"活动策划

我作为一名忠实的消费者,每年的"双十一"都是不容错过的购物盛宴。自2015年阿里巴巴和湖南电视台合作推出的"天猫2015双十一狂欢夜"大获成功之后,阿里巴巴决定以后每年都将举办"双十一"晚会,借此提高电商的营销业绩。

本节就以阿里巴巴2016年"双十一"的活动策划为例,讲解一下文化娱乐活动策划的相关知识。

7.1.1 无线化:多屏互动,流畅穿越体验

随着时间碎片化程度加剧,互联网用户对多屏互动的需求日趋强烈,技术的发展让活动更加先进,更加吸引人们的眼球,下面大家先来看一个案例:

庆天十分喜爱看美剧,可以说他是一个典型的美剧控,只要他喜欢的美剧一更新,他就必须在第一时间一睹为快,所以他经常死守在电脑前等待着美剧的更新。不过,近段时间,他却不再死守电脑,少了那一股狂热劲,原来是他改变了原来的观剧模式,购买了云电视、iPad、iPhone、MacBook Air等终端,现在在厕所,在厨房,在卧室,庆天想怎么看就怎么看,再也不用受设备的空间限制了。

这就是多屏互动的技术应用。多屏互动是指在不同的终端设备之间可以相互兼容跨越操作,通过无线网络连接的方式,实现数字多媒体内容的传输,可以同步不同屏幕的显示内容,可以通过智能终端实现控制设备等一系列操作。

2015年湖南卫视的"天猫双十一晚会"是国内T2O模式下的成功案例,在彻底颠覆了电视内容制作与传统广告模式的同时,多屏互动的实现、平台

势能的利用、广告机制的引导等多种因素的结合让这一创新的电视晚会模式达到了"电商+电视"的跨界共赢，也让业界对于T2O的转化率拥有了更大的想象空间。

阿里巴巴集团的手机天猫、手机淘宝、支付宝钱包、UC浏览器、优酷、微博、银泰都是"天猫双十一"的用户端，用户可以通过这些无线设备进入淘宝随时随地进行购物。通过店铺使用包裹服务码建立起"PC端店铺——包裹——无线端店铺"的服务闭环，真正实现了多屏互动，流畅穿越体验的无线化服务。

对用户而言，多屏互动的强烈需求并不仅仅是形式上"合体"，更重要的需求在于产品本身的"内涵"所带来的精彩体验。这对互联网服务厂商而言，对其背后的技术提出了更高的要求。

迅雷在这项技术中取得了不错的成绩，迅雷云加速多屏互动给力，带给用户最直接的感受就是能更快捷地从云端获取资源，并且能让云端的资源更快、更便捷地传输到用户，真正实现跨终端、多屏之间的互动。

可以说，迅雷以领先的云加速技术为基础，通过集成式创新服务，持续提升应用体验，在产品性能、用户体验、服务品质等方面重新定义了行业标准，引领多屏互动朝深度发展。

除了迅雷多屏互动的技术开发外，天猫也推出了多屏互动这一功能，移动设备可以和天猫魔盒轻松互动，为用户流畅的穿越体验带来了更多的乐趣。

下面为大家介绍一下天猫魔盒的具体操作方法：

（1）打开天猫魔盒，进入"我的应用"界面，屏幕中会出现"多屏互动"的选项。

（2）点开"多屏互动"之后，会出现"阿里TV助手下载"的界面，然后根据"阿里TV助手下载"的提示进行操作，其中扫描二维码的方式是比较简单的。

（3）用手机扫描二维码后，会弹出安装阿里TV助手的提示，按照提示安装到手机，就可以和天猫魔盒相连接。

（4）点击手机上的阿里TV助手图标，页面的左上角就出现菜单栏，直接在里面找到"本地投影"选项，然后就能实现将手机内的图片或者是音乐放在电视上播放了。

这就是天猫魔盒的多屏互动功能的实现步骤，通过这简单的几步，就能够让用户享受随时随地看视频的功能。通过这种无线化的多屏互动技术可以让用户感受到科技的力量，也让用户与活动之间的距离大大缩减，成为拉近用户与活动距离的利器。所以，在策划相关活动时，运用高新技术能够让活动的效果更加赢得人心。

7.1.2　平台化：多商家合作，解放生产力

2016年8月16日，天猫宣布签约浙江卫视作为"2016天猫双十一狂欢夜"官方合作电视平台。届时阿里大文娱板块将全面参与到"天猫双十一狂欢夜"的直播阵营中，浙江卫视也将同步直播。

其中受人关注的晚会冠名权也已最终确定，上海家化获得了"2016年双十一晚会"的独家冠名权。据了解，上海家化在2015年的"双十一"活动中取得了非常好的成绩。上海家化搭着"双十一"的顺风车，赚得盆满钵满，旗下的六神花露水等品牌更是卖出了一个亿的销售额。根据官方透露的消息，此次独家冠名的费用在亿元级别。

除了天价的冠名商和赞助商参与晚会，阿里巴巴集团旗下大文娱板块也将加入到"双十一"晚会筹备和直播阵营，优酷土豆、天猫魔盒、虾米音乐、UC浏览器、天猫客户端等出现在联动直播名单之列。

另外，由明星拍档、设计拍档、时尚拍档和更多的参与者组成"天猫双十一全民拍档"，为消费者呈现出不同以往的购物狂欢节。

具体来讲，往年"双十一"是由天猫小二开发掌握主动权，开发互动游戏，而在2016年每家店铺都可以拥有自己的独特卖点：天猫通过与多家互动游戏开发者的合作，将商家的个性化需求给到开放平台上的众多技术牛人。让开发者配合"双十一"开发出一些好玩的游戏，使得用户可以边购物边娱乐。

除了游戏互动拍档外，千余位明星拍档和众多网络达人通过个人微博给粉丝发"双十一红包"。天猫设计师平台和天猫商家的大牌设计师拍档将全程参与到天猫手袋、天猫专属包裹盒等产品的设计中来。

总之，通过天猫平台巨大的凝聚力产生了各行各业的全民拍档，这就是

天猫平台化的价值之一，也是生态圈能量的体现。此次晚会策划中，阿里巴巴将与多平台合作，实现晚会平台化目标，解放了生产力，将商家和平台的利益捆绑起来，实现互利共赢的晚会效果。

7.1.3　全球化：跨境试点，批量清关

全球化是阿里巴巴2016年"双十一"活动策划的又一大亮点。跨境试点，批量清关是2016年"双十一"活动的全球化的具体体现。

据透露，早在2015年，阿里巴巴集团就大规模推出了全球化战略，将"双十一"做成全球化的购物狂欢节，有效覆盖200多个国家和地区的消费者，实现"全球买、全球卖"的目标，让消费者能够享受买遍全球的乐趣，同时将天猫"双十一"的影响力扩散到世界各地。

据悉，欧美上百家知名零售商早已与阿里巴巴集团达成独家战略合作，其中包括美国梅西百货、英国House of Fraser等领衔欧美最老牌零售商、美国Costco、英国Sainsbury's等欧美全球顶级超市集团，以及全球快消品集团、全球知名药妆连锁集团和各国免税店集团。拥有这些雄厚的海外商品供应商的支持，阿里巴巴为"双十一"消费者购物做好了准备。

其实在此之前，针对出口市场，阿里系已经有"淘宝海外"和"速卖通"两个平台，这两个平台主要面向全球消费者，帮助中国卖家拓展海外市场，带动品牌出海，满足海外消费者的需求。目前分别针对海外外籍人士和华人市场，已经覆盖了220个国家。

为重点突出全球市场，淘宝海外和速卖通都加大了平台自身的推广力度，如和中国台湾、中国香港等地的便利店、线下场所合作推广活动等，使得"双十一"能够在这些地方得到充分的展现。

作为"双十一"海外会场，天猫国际也做出了不懈的努力，希望通过正品直供，全球包邮，将海淘代购模式商城化。而且"双十一"期间，天猫国际也会以推荐全球各地特色商品的形式来吸引消费者。

其实，除了"全球买，全球卖"之外，天猫还会联合银泰百货四家门店与主要海外品牌进行线上线下、国内国外的实时互动。在全球化"双十一"物

流保障上，杭州、宁波、广州、上海四大跨境电商试点城市将承载天猫国际保税备货订单顺利清关的任务，预计在"双十一"期间跨境进口保税订单最快当日就送、批量送达。

另外，美国三大海外仓的集货物流服务以及欧洲、日本、韩国等订单量集中地区的海外直邮等服务来保证"双十一"订单在最短时间内配送完毕，切实解决海外物流的顺畅运行。

在出口方面，阿里巴巴也做足了功课，届时将通过中国香港邮政、吉林邮政分别在国内完成出境清关，通过瑞典邮政、E邮宝、EMS支持全球范围物流配送，同时针对订单量集中的重点国家和地区推出专门物流保障。

跨境试点，批量清关的全球化服务会让2016年的"双十一"晚会在全球范围内掀起一阵购物狂潮，是此次活动策划中的亮点之一。

7.1.4　娱乐化：电商与晚会的跨界营销

2015年，天猫首次尝试电视直播领域的晚会节目，邀请著名导演冯小刚操刀，为消费者献上了一场前所未有的"双十一"晚会。消费者通过电视、网络、手机等平台，一边看电视节目一边进行购物，这种形式打破了原有的单一消费模式，将消费者与商家的距离进一步拉近。

"天猫2015双十一狂欢夜"晚会是由天猫与湖南卫视联袂推出的，晚会的制作除了著名导演冯小刚外，还有湖南卫视的金牌制作人廖珂、王恬、陈歆宇领衔的团队，双方合作一起打造了这台盛大的晚会。而且晚会上还派出了由何炅、汪涵领衔的快乐家族、天天兄弟的最强主持阵容，大大增加了晚会的观赏性。

娱乐化的晚会让消费者在购物的同时享受了视觉的盛宴，2015年"双十一"晚会仅仅开始72秒就创下了10个亿的成交额，在748秒时，突破100亿元的销售额，最终仅"双十一"当天就创造了912亿元的销售额，取得了令人瞩目的成绩。

2016年天猫与浙江卫视签约，浙江卫视成为"2016天猫双十一狂欢夜"的官方合作电视平台。阿里大文娱板块全面参与到了"天猫双十一狂欢夜"的直播阵营中，浙江卫视也进行了同步直播。

为何阿里巴巴会沿袭"双十一"晚会的形式呢？原因就在于晚会与电商跨界营销获得了相当大的成功。

"双十一"晚会充分调动了消费者的积极性。将综艺内容、明星游戏、移动购物融为一体，消费者可以通过电视、网络、手机等平台，边看边玩边买，通过多场景互动，全球亿万消费者可以共同参与到狂欢中，最大程度调动消费者的积极性。

晚会活动形式多样，采用分组游戏、观众竞猜的方式，由两组明星带队，与观众全程互动。在晚会直播过程中，下载最新版的天猫APP、手机淘宝的观众，只要猜中游戏获胜的一组，就会获得一个"游戏宝箱"，点击"游戏宝箱"，有机会通过摇一摇来获得"1元购"的商品，其中包括出国游机票等奖品。多样的游戏形式吸引了大批消费者进行互动，大大增加了活动的参与性和互动性。

同时，多屏互动贯穿整个"双十一"晚会的多个环节，如刘谦表演魔术的环节中，魔术所展示的炫酷道具，通过手机"摇一摇"，就可以直接跳转到相关的"双十一"页面，从而一键下单购买。这种形式更是将产品销售和晚会活动融为一体，成功将消费者引入淘宝、天猫商城进行购物，完成商品的实际销售。

"双十一"晚会的举办让电商赚得盆满钵满，作为"双十一"晚会的策划人员必然感到与有荣焉，紧紧抓住晚会的内涵，将商品巧妙地销售出去是策划人员掌握的精髓，大家在策划晚会时，也要时刻牢记晚会的宗旨，一切围绕晚会的宗旨展开。

7.2 历史文化活动策划

2016年9月2日，由河北省委宣传部主办、河北省文物局承办的"美丽河北·最美历史文化遗存"推选展示活动正式上线，并开始接受广大网民网络投票评选。

此次活动以通过推选河北辖区内具有一定历史意义、与人类生活息息相关，具有历史、艺术、科学、社会、文化价值的历史文化遗存遗迹来营造出保护文化遗产的社会氛围为宗旨。通过对最美历史文化遗存的展示，体现河北的历史、自然、人文之美，让"发现美、展示美、传播美"成为建设"美丽河北"的主旋律。

上面是一次比较典型的历史文化活动，在策划这类活动时，明确活动背景是策划的关键，下面就来介绍一下历史文化活动策划的相关知识。

7.2.1 活动背景是关键

在策划历史文化活动时，活动背景至关重要，因为每次举办活动都具有活动意义，而活动的意义是与活动背景息息相关的，活动背景使活动更具有意义，所以在策划时，活动背景是关键。

举例来讲，在2016年度爱国演讲比赛活动策划书中，它的活动背景是"爱国主义是我们民族精神的核心，是实现中华民族伟大复兴永不枯竭的精神动力。中国人民有自己的民族自尊心和自豪感，以热爱祖国为最大的光荣，以损害社会主义祖国利益、尊严为最大耻辱"。

其中详细交代了此次活动的背景，让参加活动的人员充分了解了活动举办的目的，为活动的开展奠定了基础。如果在策划书中没有这段活动背景的介绍，那么在策划执行的过程中，活动策划执行人员和参加活动的人员很有可能都不明白为何举办这次活动，不了解活动的举办目的。

所以，在策划此类活动时，首先要明确活动的背景，挖掘活动背后的意义，才能把握好整个策划活动，那么在策划时需要注意活动背景的哪些方面呢？下面给大家罗列几点，如图7-1所示。

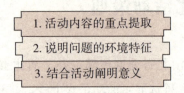

图7-1　在策划时需要注意的活动背景

1. 活动内容的重点提取

在策划中阐明活动的背景时，首先要根据策划书的特点对策划内容进行重点阐述，如活动的基本情况简介、主要执行对象、近期状况、组织部门、活动开展原因、社会影响以及相关目的动机等，这些要素在活动背景中要根据实际情况具体体现出来。

2. 说明问题的环境特征

在思考活动背景时，要重点考虑环境的内在优势、弱点、机会及威胁等因素，对其进行全面的分析，可以使用SWOT分析法，将内容重点放在环境分析的各项因素上，对活动的过去和现在的情况进行详细描述，并通过对情况的预测制订好计划。如果存在环境不明的情况，可以通过调查研究等方式进行分析加以补充。

3. 结合活动阐明意义

在活动背景的最后，需要结合整个策划活动阐明活动背景的意义，将活动中即将要开展的步骤和活动背景结合起来，为以后的活动实施做铺垫。

以上就是在策划历史文化活动背景时需要注意的地方，在策划类似的活动时，大家可以借鉴其中的方法。

7.2.2 策划经典案例：金泉钱币——《中国大历史》

《中国大历史——历代钱币实物集》（简称《中国大历史》）是中国第一部用真品钱币编撰而成的中国通史。它以货币的演变历史为主线，选用了272枚古钱币为载体，并配有各个历史时期的千余幅图片，借简洁凝练的文字，把中国从殷商至民国4000余年的历史生动地、不断代地串联起来，是一个不可多得的收藏珍品。

《中国大历史》是由近百名钱币专家和历史学者精心策划、耗时10年加工之力作，是用文物来表现历史的一种新颖的视觉和方法。聚焦它的策划过程，可以给策划人员很多启示，下面就以金泉钱币——《中国大历史》策划的重点为例，为大家介绍一下历史文化活动的策划过程，如图7-2所示。

1	策划背景
2	策划过程
3	活动结果

图7-2　金泉钱币——《中国大历史》策划的重点

1. 策划背景

中国是世界上最早使用货币的国家之一，距今已有4000多年的历史，货币是历史发展的物证，是信息传播的载体，是后人研究整理历史的依据，任何图片、文字和音像都无法替代这种对实物货币的触摸。

在此背景下，金泉钱币策划出了《中国大历史》的藏品，用272枚中国古钱币串起不断代的中国历史，将一部完整的中国大历史用古钱币作为载体汇集到一起。

2. 策划过程

《中国大历史》共分为4册，它的外包装盒套为金丝楠木雕刻而成，与精美的钱币相得益彰。其主要内容是272枚古钱币，用真品实物钱币编撰而成的史书，这在中国文化领域是一个创举。

《中国大历史》以做成中国第一部以真品实物为载体的通史为目标，所以在书的策划中，它从新石器时代的贝币到民国的纸币，用千年的货币变化来展示中华民族的辉煌历史。

《中国大历史》在发行上实行限量发行，全国限量发行2000套，主打稀世珍品，绝版收藏，并且在对书的历史价值策划中，采用了"五最"的价值体现：

（1）最全——《中国大历史》是一部不断代的中国古钱币大全，它将中国从殷商至民国4000余年的历史不断代地串联起来，组成最全的钱币史。

（2）最早——它收录了4000年前中国最早的货币海币，并且先秦四大货币体系的代表楚铜贝、刀币、布币、圜钱均有。

（3）最多——品种多，272枚古钱币的种类各不相同。

（4）最丰富——拥有除金币外的所有钱币材质，如天然贝、骨、铜、铁、铅锡、银、镍、纸均有体现。

（5）最珍稀——《中国大历史》中远古的贝币、刀币、布币以及神秘的西夏钱币、稀少的金代钱币和来自民间的厌胜钱等在市面上已经很少见，钱币十分珍贵稀有。

3. 活动结果

2002年元旦前夕，《中国大历史——历代钱币实物集》在人民大会堂宣布问世，成为新年伊始国内收藏市场上人们争相谈论的热门话题。在北京燕莎友谊购物商城、西单赛特商场设立的《中国大历史——历代钱币实物集》专柜前，挤满了询问的人们。一些消费者争相抢购这套在北京市场限量发行的"微型家庭钱币博物馆"。

从活动的结果来看，此次策划十分成功，拥有古老背景的中国钱币，在其收藏价值上得到了充分的体现，也获得了市场和消费者的认可。所以，在策划中对活动背景加以重视，会使策划更加成功。

7.3 会展策划

会展策划是会展企业根据收集和掌握的信息，对会展项目的立项、方案实施、品牌树立和推广、会展相关活动的开展、会展营销及会展管理进行总体部署和具有前瞻性规划的活动。它是一个综合性的系统工程，目标是起点，信息是基础，创意是核心。

在策划时，需要注意多个方面的内容，下面就为大家介绍一下。

7.3.1 展示体验为主，宣传产品为辅

2016年8月31日，第七届"节博会"盛大开幕。一年一度的"节博会"已

经成为中国节能环保产业界的超级盛宴，本次节能展会汇聚了来自8个国家和地区的数百家节能企业，来自全国200多家公共机构、学校、医院的数千名节能精英摩拳擦掌共赴盛宴。

此次展会开展第一天就已经引爆鹏城，大批参展人员涌入会展中感受展馆中的新产品，体验展馆内的新科技。此次展会将低碳环保带入了人们的生活中，将节能减排事业推上了全社会关注的焦点。

一般而言，在会展策划中，关于产品展示区的设计，要坚持"展示体验为主，宣传品为辅"的设计理念。抓住了这个要点，就能够很好地开展策划活动了。

产品的展示可以说是一个让客户被动沟通→感知体验→主动询问→实现销售产品的过程。达到客户从进入展厅的被动沟通到现实销售感观的转变，是通过人性化引导性的亲身感知形式来实现的，因而在展示、体验过程中，要充分体现展厅设计展品的使用价值，让客户亲身感知、体验产品是贯穿整个设计的主体思路，从而支撑客户通过体验，建立沟通后达到销售的设计目的。

展厅的设计通常以展示体验为主，充分展现产品对用户自身的实用性即使用价值，并辅助宣传品的发放，传达产品价值信息。因为客户关心的重点是产品对自身的价值而非产品本身，只有迎合客户需求的展厅设计方能更好地达到促进销售的目的。

如何达到展示体验为主，宣传品为辅的效果？以设计为例，在功能单元的分配上，可以分为展示沟通单元和产品体验单元两个部分，在展示沟通单元中，分"接待控制区""形象传播区""培训讲座区""洽谈休息区"四个功能区域，通过这四个具体的功能区域，向客户传递展示和沟通的主题，让客户对产品获得直观的感知，营造出舒适、亲切、周到的氛围，有利于充分展示自己的产品。

产品体验单元分为"通用产品展示区"和"分类客户群产品展示区"两个功能区域。它能够向客户传递产品体验的主题，让客户针对性地获得对产品使用价值的感知，获得良好的产品和服务体验。

在策划会展中，要时刻牢记会展的目的——产品和服务的展示和体验，在这一前提下，再对用户展开产品的宣传，这样才能取得良好的会展效果。

7.3.2 设计基调要统一

在会展策划中，要牢记时刻保持设计基调的统一。通常在设计展会的基调时，会以声音导航、功能单元划分、颜色划分这三种形式来实现展厅布置的整体设计基调。

会展的基调在一定程度上影响着会展的成功与否，如果会展的基调定得恰到好处，就能最大程度上展示会展的展品，让参展人员获得良好的参展体验，可以毫不夸张地说，会展的基调也决定着会展的成败。

那么会展的设计基调如何设定才能统一呢？下面为大家讲解一下，如图7-3所示。

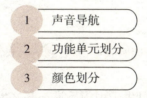

图7-3 统一会展设计基调的方法

1. 声音导航

进入展厅，通常会听见悦耳动听的展馆讲解，这就是现代化的声音导航。通过这种方式，智能性地引导客户进行体验，通过声音、音乐提示让客户在进行模拟体验时有身临其境的感受，更容易在温馨的氛围中达成销售的目的。

所以，在使用声音导航时，要根据展会上展品的特性和自身的展会定位设置不同的声音进行导航，力求导航的声音与总体风格保持一致。

2. 功能单元划分

如果以功能单元划分的形式来实现展厅布置的整体设计基调，一般分为"展示、沟通"和"产品体验"两个功能单元。通过这两种不同风格的设计来实现功能单元的划分，使整个展厅的布局紧凑合理，一目了然。

3. 颜色划分

颜色在视觉上起着非常重要的作用，运用不同的色块对每个功能单元下的实用区域进行划分，不但让客户第一时间就能知晓自己所处的位置，便于寻找适合自己的体验区域，更体现出产品设计者对客户服务的细心、周到。

所以，在统一展会的设计基调时，要注重颜色的运用，尽量避免运用一些大红大紫的色块，以免将展会布置得不够档次，让参展人员对展会有不良的体验。

总之，在策划展会时，要统一设计基调，给参展的人员一个良好的参展氛围，这样更有利于会展的成功举办。

7.3.3　张国荣60周年诞辰主题展系列活动

张国荣，1956年9月12日生于中国香港，是20世纪著名的歌手、演员和音乐人。1983年以歌曲《风继续吹》成名，成为当时最受欢迎的男歌手之一。

张国荣1978年开始参演电视剧，20世纪80年代中期将事业重心移至影坛，之后成功塑造了宁采臣、程蝶衣、何宝荣等不同类型的角色。2005年入选中国电影百年百位优秀演员。2010年被美国CNN评为"史上最伟大的25位亚洲演员"之一。

令人悲痛的是，2003年4月1日，张国荣在中国香港逝世，终年46岁。这突如其来的消息震撼了整个华人社会。葬礼当天，大批歌迷聚集于殡仪馆外，到场的演艺明星众多。海内外多家电视台均现场直播报道葬礼实况。

当时正值"非典"爆发期，居民大多不敢出门，但是出殡当日5万名来自世界各地的群众冒雨聚集在中国香港殡仪馆周围为张国荣送行，成为中国香港史上最轰动的葬礼之一，张国荣在当时的影响力可见一斑。

张国荣的影响力只增不减，他的个人魅力和能力让人们越来越钦佩。2016年是张国荣逝世13周年，也是他诞辰60周年纪念。正是在这一背景下，2016年3月28日至4月6日期间，国内最资深的"荣迷"在上海组织举行了张国荣60周年诞辰主题展系列活动——"荣门客栈"。

　　这次主题展系列活动由"2016·我们都爱张国荣·视觉艺术作品展"和"2016·张国荣黑胶唱片高级Hi-Fi鉴听会"两部分组成。共汇集了十大品类、超过200件各类张国荣视觉艺术纪念品，包括张国荣私家珍藏照片、绘画作品、十字绣作品、着装服饰、视频音频互动装置等。

　　在"2016·我们都爱张国荣·视觉艺术作品展"中，首次在内地展出张国荣亲笔签名海报、唱片及写真集等珍藏展品。其中，张国荣于上海的好友也为此次展览首次展示珍藏多年的私家影像资料，著名摄影师夏永康先生也授权展出他为张国荣拍摄的多幅珍贵照片。这些罕见的展品，唤起了"荣迷"们的美好回忆。

　　在4月1日至4月4日举办的"2016·张国荣黑胶唱片高级Hi-Fi鉴听会"上，组织人员使用了价值百万元的高级Hi-Fi音响器材，最大限度地还原了张国荣黑胶唱片的醉人音色。另外，鉴听会上还精选了Leslie经典专辑以及演唱会整张黑胶播放，让大家重温聆听Leslie温暖的经典歌声。

　　此次鉴听会连续举办4天，"Leslie+LP+HiFi+Wine"的完美组合为张国荣歌迷及音响发烧友们带来了全方位的感官享受，受到了"荣迷"们的高度评价。

　　此次张国荣60周年诞辰主题展系列活动能够举办得如此成功，主要应归功于"荣迷"对张国荣的支持和热爱。60年的时光流逝，粉丝对张国荣的爱只增不减，加之现代技术的配合，参会的人员重温了张国荣歌曲的魅力，让"荣迷"们充分感受到了展会对张国荣的用心，受到粉丝的热烈欢迎。

　　所以，在策划会展活动时，要时刻注意展会带给参展人员的体验，用心的展会会带来不同的参展体验。另外，在策划时，设计的基调也要统一，为展会的开展提供统一、精彩的视觉和听觉体验。

7.4 吴晓波书友会活动策划

　　2016年7月20日，吴晓波北京书友会暨"每天听见吴晓波"北京地区启动仪式在中国传媒大学中传国际交流中心举行。

财经作家吴晓波在活动现场发表了以"这个时代的困顿与美好"为主题的演讲，幽默、自然、接地气的风格外加有料的内容，让现场听众心满意足。

吴晓波通过举办书友会来增进书友之间的交流和联系，本节就以吴晓波书友会活动策划为例，讲解一下书友会活动策划的相关知识。

7.4.1 主线：线上结识，线下聚会

"线上结识，线下聚会"是吴晓波书友会活动策划的主线，通过这一主线实现书友交流沟通、增进感情、分享读书乐趣的目的。

"线上结识，线下聚会"的形式让书友之间有群体同质的特质，情感上容易产生共鸣，彼此都有一种认同感。书作为第一道连接器，把读者从众人中筛选出来。大家看过同样的书，因而可能有一些共识，比如认可民营经济、不反对商业的力量。他们可能就是生意人，而不是一些矫情的文艺青年，他们彼此气味相投，从而形成社群。

吴晓波书友会在多个城市都有分支，吴晓波频道官方指定的书友会会举办大量的活动来加强书友会成员之间的交流与联系，以增进感情，既可以聊书，也可以聊美食、户外旅行、工作。书友会成员自己也会自发组织活动，通过线下聚会的形式来增进书友之间的交流，进一步分享读书的乐趣。

吴晓波书友会的举办，给策划此类活动的策划人员提供了很多经验，策划人员可以仔细分析研究整个活动的策划过程，从中学习成功的经验。

但是，需要大家注意的还有许多，诸如线上通过读书很容易让价值观相同的人结识成为虚拟世界中的朋友，但是线下活动比起线上活动来说，就需要注意很多方面了。在策划"线上结识，线下聚会"的活动时，要将线下聚会作为策划的重点，那么需要做哪些准备工作呢？下面就带大家学习一下。

1. 确定活动的主题、目的、形式

在策划活动时，活动的主题、目的、形式都十分重要，一个新颖、有吸引力的主题往往能左右一场活动的成败。所以，在策划时一定要给活动设置一个好的主题，吸引更多人的参加。

在策划时，还要明确活动的目的，线下聚会是线上结识的进一步体现，大家通过聚会的形式增加真实感，拉近彼此的距离。所以，在策划时要以活动的目的为主线来展开活动的执行和操作。

活动的形式可以多种多样，只需要满足聚会交流感情，分享读书心得的目的就可以，如小型的猜谜游戏、读书的相关知识问答等都可以作为活动的形式。

2. 聚会活动现场气氛的调动

活动进行时需要调动现场的气氛，不能像白开水一样平淡，让参会者昏昏欲睡。一般在举办某些活动时，主办方都会邀请主持人来调节活动的气氛。主持人在主持的过程中也有许多需要注意的地方，如现场信息的传达要清楚正确，不要弄错相关信息。比如嘉宾职位、场地注意事项等。另外，主持人要在活动开始前对活动的相关资料和活动流程有一个全面、细致的了解。

除此之外，还有一点要注意，就是主持人要把控好整场活动的时间，尽量做到让每个参会的嘉宾都有发言的机会，增加书友之间的交流和了解，充分调动会员的积极性。

7.4.2　书友会最受欢迎的形式：深度阅读

2015年10月15日，吴晓波西安书友会举行第三期活动，40位书友济济一堂，交流、探讨和分享阅读《中国大历史》的心得，从中国到外国，从古代到现代，从历史到政治，从事实到逻辑，没有固定的话题，但是热度一直持续，各有所知、各有所见、各有所得。

在活动的最后，书友们还探讨了书籍内容的方向选择问题，并基本定下了多样化选择图书的方向，同时也强调了图书的选择要"坚持选择经典，选择那些经得住时间考验的好书"的原则，即要使用深度阅读的读书形式。

在吴晓波书友会活动中，最受欢迎的就是深度阅读的形式。同浅阅读相比，深度阅读提高了知识源的覆盖面。深度阅读基于知识图谱，整合了多方面的数据源，扩展了知识的纵深。

通过深度阅读，让读者与作者进行心与心的交流。虽然对大多数人而言，深度阅读费时费事，但深度阅读不仅可以提高读者的文学素养，还可以陶冶读者的情操，其实是非常值得提倡的阅读方式。

所以，在策划书友会活动时必须注意活动的侧重点，书友会的目的是以书会友，通过读书这一方式作为书友之间联系的纽带。既然深度阅读是书友会线下活动中最受欢迎的形式，那么在策划这类活动时，策划团队就要将深度阅读作为重头戏，为这一部分留下较大的空间和时间。

7.4.3 向咖啡馆发起征集令

"一次旅行，最棒的是事后用朋友来计量，而不是里程。一杯咖啡，最棒的是事后用愉悦度来计量，而不是滋味……"

2016年4月11日、12日两天，吴晓波书友会联合全国52家合作的咖啡馆发起"吴晓波请你喝咖啡"的活动，只要你周末出现在这些咖啡馆，证明自己是吴晓波频道的死忠书友，就有机会获得一杯免费的咖啡。

"10杯咖啡免费送：每家咖啡馆都会推出10杯免费咖啡，先到先得，送完即止。假如你幸运地喝到了这杯咖啡，记得在微信群吆喝一声，羡煞群里的小伙伴们。"

"千万杯咖啡半价喝：为了迎接书友们的热情光临，10杯免费咖啡怎么够？咖啡全场半价才是真土豪！错过这10杯，还有千千万万杯半价咖啡，只为吴晓波频道铁杆书友敞开。"

上面是此次活动的规则，吴晓波书友会的会员只需找到咖啡馆任意店员，向他们出示手机，关注"吴晓波频道"微信公众号并加入吴晓波当地书友会QQ群或微信群就可享用此种福利。

活动还列出了北京、上海、广州等20个城市52家咖啡馆的坐标，为各个城市的书友们准备了礼物和惊喜。

此次活动受到了吴晓波书友会会员的热烈欢迎，活动大获成功，也给策划人员留下了许多宝贵的经验，下面为大家总结一下，如图7-4所示。

图7-4　吴晓波书友会中的策划经验

1. 活动要紧扣主题

在策划中，策划人员要始终谨记策划活动的主要目的。在吴晓波书友会的线下活动中，策划人员就是始终围绕书会友的主题来进行活动策划的。他们紧紧抓住了书友的心理，让书友有兴趣、有意愿参加活动，并且愿意为活动贡献力量。所以，活动才能举办得如此成功。大家在策划时也要遵循这个原则，设置好活动的主题，明确活动的目的，紧紧围绕主题进行活动策划。

2. 重视粉丝的力量

书友会的成功与否直接取决于书友是否积极参与和支持，书友是活动的主体，如果没有书友，那么活动就没有举行下去的意义。所以，在策划中一定要重视活动主体的作用。

众所周知，小米公司在每次举办新品发布会时都会邀请粉丝参与，这充分体现了小米公司对粉丝的重视。正因为他们极为重视粉丝的力量，所以他们的发布会开得很成功，产品也卖得很好。同理，策划人员在策划活动时也要重视活动的主体，给他们充分的关怀和帮助。

3. 定时推出小惊喜

向咖啡馆发起征集令是吴晓波书友会给书友推出的小惊喜，通过这种形式让书友会的知名度更上一个台阶，并且大大提高了书友的积极性和参与度，在一定程度上也提高了书友会内部的凝聚力。所以，在策划时要对活动的形式进行考量，定时推出一些小惊喜，提高活动在会员中的关注度。

第8章　会议论坛活动策划

2016年8月26日,"2016网络金融创新发展论坛"在南京举行。论坛以"汇聚同质同类、侧重实务实战、推进共享共赢"为宗旨,汇集了来自全国各大城商行、农商行等60余家金融机构以及知名互联网公司的网络金融专家。

此次论坛围绕"城商行创新发展经验分享""城商行网络金融发展新思路新布局""城商行网络金融特色场景生活建设""开拓多样化金融服务的发展之路"等多个重要内容,讨论了如何在复杂的市场环境中认清互联网金融未来发展趋势,以及如何发挥自身资源优势等问题。论坛活动中各方积极发言,气氛十分活跃,论坛活动圆满落下帷幕。

以上是一次常见的论坛活动,在人们的日常工作中,会议论坛活动举行的频率非常高,所以本章会为大家讲解一下会议论坛活动策划的相关知识,希望对大家有所帮助。

8.1 座谈会策划

座谈会通常是指6~10个人聚到一起，在一个主持人的引导下对某一主题进行深入讨论的一种圆桌讨论会议。它的目的在于了解和理解人们对于会议主题的看法以及影响这种看法的背后的原因。

座谈会不同于一问一答式的面访，它是在有经验的主持人的主持下，通过多人讨论的形式，在受访者之间形成互动效应，一个人的反应会对其他人产生刺激，这种互动作用会为会议提供更多的信息，具有普通会议不能相比的优势。

要开好一个座谈会，需要思考的方面有许多，主题、活动目的等都是需要花费心思的方面。但是，一场座谈会除了主题等所有会议都会考虑的问题外，还需要特别注意座谈会本身特有的性质，本节就带大家学习一下座谈会策划的相关知识。

8.1.1 点石成金的主持人

华少，原名胡乔华，浙江卫视电视节目主持人。在大火的综艺节目《中国好声音》中，他凭借用45秒念完长达350字的广告词而走红网络，被网友称赞为"中国好舌头"。

在《中国好声音》的开场中，因为节目的热播带来了众多的品牌赞助商，所以开场词内容变得尤为冗长，在既定的时间内完成规定的内容，对华少的开场白有了较高的要求，因此华少必须将语速提高，达到一分钟400字而又流畅连贯的效果。

2012年7月27日的《中国好声音》第三期节目中，华少以惊人的语速，在

45秒内将长达数页的开场白报完。华少妙语连珠、一气呵成，堪称国内综艺节目中最快的开场。

除了过人的语速外，华少在《中国好声音》的舞台上同样扮演着重要的角色。虽然他露面的机会很少，但是他是维系观众、选手、导师三方的唯一纽带，也是在后场与选手及亲友团沟通的桥梁，为节目的播出做出了重要的贡献。

主持人在综艺节目中的作用十分重要，同样，主持人作为小组座谈会的核心，也具有重要的作用。可以毫不夸张地说，一个优秀的座谈会主持人可以点石成金，而一个能力不够的主持人会把座谈会变成聊天会。那么小组座谈会主持人需要具备哪些能力呢？下面就列举几项座谈会主持人必备的能力，为大家挑选主持人提供借鉴，如图8-1所示。

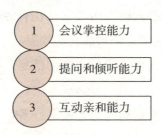

图8-1　座谈会主持人必须具备的能力

1. 会议掌控能力

会议掌控能力是座谈会的主持人必须具备的能力，将整个会议主持得井然有序能够让会议取得更好的效果，诸如会议开展的速度、会议话题讨论以及会议的时间进程等都需要主持人去掌控。

首先，主持人要注意语速的控制，语言要中速，不快不慢，既不会让大家感到压抑，又不会让大家听不清楚，还要使会议紧扣主题，提升会议气氛，使与会的每一个人都敢于发言，从而达到预期的效果。

其次，主持人要对会议有一个整体的把控，控制与会人员的谈话脉络，保证会议按照既定的主题发展。如果出现有人跑题、拖堂的现象，不会将其突兀地打断，而是能够顺着发言者的意思很轻松地牵到下一个主题，完成话题之间的自然衔接。

最后，时间进度的管理，主持人要保障会议在规定的时间内完成既定访谈任务。在会前提纲准备和现场小组成员的发言等方面要有合理的控制。如果时间控制方面出现了问题,应该及时调整话题方向和过程,加快节奏,尽量保证会议的效果。

2. 提问和倾听能力

座谈会的性质决定了会议是靠沟通和交流来完成的,所以,座谈会的主持人需要具备良好的提问和倾听能力。

提问对于座谈会主持人而言是一项比较重要的能力,如果没有好的提问技巧,而是采用照本宣科的方式提问,会带来表面和肤浅访谈的成果。所以,合格的主持人必须掌握会议的提问技巧,懂得借助专业知识和恰当的问题来挖掘问题的本质和核心,这样才能够出现有深度的会议结果。

同样,倾听能力对于座谈会主持人来讲也是非常重要的。主持人能够认真倾听发言者的发言,从发言中理解发言者表达的真实意思,就能够在充分理解的基础上展开下一步的讨论,更好地理解每个成员的真实意见和态度。

3. 互动亲和能力

在座谈会中,与会的人员一般相互之间是完全陌生的,要达到与会人员畅所欲言的效果,主持人还需要拥有互动亲和能力。

主持人首先要做的就是要建立参会人员之间的信任感,大家相互信任才能调和座谈会的气氛,调动与会者的积极性。这就要求主持人是一个有着高度亲和力的人,能够让大家一见就感到信赖和亲切,这样与会者才能充分进入角色,全心全意地投入到会议的讨论和交流中去。

所以,座谈会的主持人是十分重要的角色,如果能够请到一位能够点石成金的主持人对座谈会十分有益,大家在策划座谈会时要特别注意主持人的挑选。

8.1.2　受访者之间具有刺激作用

2016年召开的一次文艺工作座谈会,被很多人评价为"生动鲜活的会议"。与会代表围绕着诸多事关现代文学艺术生存发展的基本问题各抒己见、畅所欲言,展开了激烈的辩论和交流。

正是因为参会人员激烈的辩论和交流,才让会议进一步挖掘出了议题的深度,延展出与议题相关的话题,更是对议题做了更好的解释和补充。

这就是一次典型的有"争论"的座谈会,座谈会作为一种圆桌讨论会议,它是多人讨论的形式,所以不同于一问一答式的面访。

座谈会上,主持人会对会议进行全程主持,受访者互相之间有一个互动作用,一个人的反应会成为对其他人的刺激,这种互动作用会产生比同样数量的人做单独陈述时所能提供的更多的信息。所以,可以看出,在座谈会上受访者之间是具有刺激作用的。

既然在座谈会上受访者之间存在刺激作用,那么如何利用这种刺激作用,让座谈会的召开更有价值呢?

一方面,议题设置要有相关性。在座谈会召开之前,会议的议题都会提前设置出来,会议的议题与座谈会上参会的人员必须是息息相关的。除此之外,参会的人员之间的联系也要在议题设置时得到充分的重视。

参会成员之间对议题有不同的看法会引起会议的"矛盾",这一"矛盾"的引发就是刺激各方的重点,一方对议题有自己的认识,另一方对议题有不同的看法,自然而然会产生信息的交流和讨论,在各方的交流和讨论中,座谈会的议题被充分解剖,更容易得出解决问题的办法,利于座谈会成果的生成。

另一方面,主持人要对与会人员进行充分的引导。在座谈会上,主持人发挥着重要的作用,将各方的观点进行总结和分析,找出各方发言的联系,积极引导各方进行思维的碰撞和交流,同样能够让座谈会上的议题得到充分的探讨和交流,得出更全面的解决问题的方法。

总而言之,在座谈会上巧妙利用受访者之间的刺激作用,可以让议题得到更加充分和深入的研究和探讨,更利于问题的解决。所以,在策划时要注意使用多种方法,在最大程度上刺激与会人员的交流,获得更多有关议题的解决办法。

8.1.3 看成都中级人民法院知名酒企座谈会是如何策划出来的

2016年3月23日,成都市中级人民法院邀请了贵州茅台酒股份有限公司、泸州老窖股份有限公司等七家知名酒类企业的代表参加座谈会,针对企业维权打假、法院司法护权等问题进行了充分的沟通和交流。

交流座谈会大致分为三个步骤进行。首先,成都中级人民法院通报了该地区酒企品牌司法保护的情况,并向与会代表介绍了司法保护的具体举措。

随后,七家知名酒企的代表分别介绍了各自企业经营及打假维权的情况,并且提出了希望成都中级人民法院进一步加大品牌保护力度,加大惩罚侵权行为打击力度的建议,对成都中级人民法院为企业树立品牌和创新发展所做出的努力表示了感谢。

在会议的最后,成都中级人民法院从企业的品牌管理、渠道管理、权利保护、预防侵权仿冒等方面,为企业提升自身品牌保护能力提出建议,受到了与会代表的热烈欢迎。

这场座谈会最后取得了圆满成功,对它的策划思路和过程进行分析,有利于策划人员对座谈会的策划有一个完整、清晰的认识。下面就带大家分析一下成都中级人民法院知名酒企座谈会是如何策划出来的,如图8-2所示。

图8-2 成都中级人民法院知名酒企座谈会的策划经验

1. 活动背景很重要

策划一场座谈会,首先要明确座谈会召开的背景,只有明确了背景之后,才能对整个策划活动有一个整体的把控。

以成都中级人民法院知名酒企座谈会为例,自2013年起,成都法院受理商标侵权及仿冒纠纷等涉及品牌的民事案件高达1364件,占各类知识产权民事案件总数近五分之一,问题十分突出。其中审理的82件涉酒类企业的商标侵权民事案件,涵盖了知名度高、影响范围广的"贵州茅台""泸州老窖""郎酒""长城"等知名白酒、红酒品牌。

在此背景下,成都中级人民法院召开了此次座谈会,会议集中解决企业维权打假、法院司法护权等方面的问题,座谈会上,法院和酒企对以上两个方面的问题进行了充分的沟通和交流。座谈会的主题明确,使得会议召开得十分顺利。

2. 会议整体规划不可少

在策划会议时,做出会议的整体规划是十分必要的。按照活动现有的所有信息草拟活动的整体策划框架,把整个会议的流程和方案想象出来,越具体越好,便于下一步策划方案的制订。

一般来讲,在草拟整体策划框架后,随之会召开策划动脑会。在这个会议上,需要把专业的会议策划人士找来,也要把主要的决策人员找来,在草拟方案的基础上,展开讨论和动脑落稿—再讨论—修正—再讨论,最终要拟出活动的"工作时间进程表""任务分工表""物品清单""成本分析表"等重要的执行文件,以便活动的执行。

3. 注意会议的细节

成都中级人民法院知名酒企座谈会的成功召开,与策划人员注意会议的细节是息息相关的。无论是邀请的嘉宾还是会议的选址,都是策划人员经过多方的考察和讨论研究出来的。这些随处可见的细节让举办方和参与的嘉宾在座谈会上宾主尽欢,会议没有出现纰漏,为真正解决主要会议议题提供了外部的保障,让座谈会得以顺利召开。

所以,在策划座谈会时,要重视会议的细节,为会议的召开做好外部的保障工作,充分发挥策划人员的作用。

8.2 报告会策划

2016年9月6日,长春市教育局组织召开了长春市教育系统"我身边的好教师"先进事迹报告会,表彰宣传了长春市优秀教师的先进事迹。

本次报告会中的先进典型是长春市广大教师队伍中的优秀代表,他们热爱教育、情系学生,把热情和精力献给了教育事业,彰显了新时期人民教师的理想情操、高尚师德和人格魅力。

被表彰的教师纷纷在会上表示,要紧跟时代步伐,大力弘扬优良师德师风,珍惜荣誉,再接再厉,充分发挥示范引领作用,为办好人民满意的教育贡献力量。

上面就是一场报告会,报告会也是会议论坛活动中的一种,本节就为大家讲解一下报告会的策划知识。

8.2.1 联系报告人做好前期准备

每一场会议都需要做好准备,对于报告会而言,前期的准备工作同样十分重要,因为报告会需要有报告人,所以,在会前联系报告人做好前期准备十分重要。

那么在联系报告人做前期准备时,需要注意哪些方面呢?如图8-3所示,为大家讲解一些关于联系报告人做好前期准备的几个方面。

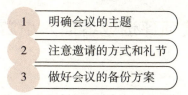

图8-3 联系报告人需要做的前期准备

1. 明确会议的主题

在会议开始之前,策划人员首先要明确会议的主题。一般而言,先进事迹报告会比较常见,这时就要明确会议所确定的先进事迹的侧重点,根据报告会的主题寻找相关的会议报告人,这样才能让报告会的主题更加突出,会议的效果也会更加显著。

所以,在联系报告人时,要将会议的主题明确地告知报告人,让他们对会议的主题有充分的准备,避免出现报告人的报告内容与报告会主题有偏差的情况。

2. 注意邀请的方式和礼节

在邀请报告人时,一定要注意方式和礼节。在正式邀约中,可以采用请柬邀约、书信邀约、传真邀约、电话邀约等具体的形式。报告会的形式比较正式,所以要采用请柬邀约等较为正式的邀请方式。

在礼节方面,除了一些基本的礼节外,还要对报告人表现出十足的诚意和尊重,让报告人感受到主办方对他们的尊重,为报告会的召开打下良好的基础。

3. 做好会议的备份方案

在策划报告会时,要做好会议的备份方案,联系报告人时,也要做好万全的准备。仅仅联系会议上需要的报告人是不够的,如果发生交通堵塞等意外情况,报告会就不能按时举行。因此,大家在策划时要做好会议的备份方案,尽可能联系到可以做替补的报告人,这样可以让报告会避免出现缺失主角的现象。

8.2.2 通过奖项评选或者插入小游戏的形式来活跃气氛

报告会的气氛一般是严肃认真的,但是现在越来越多的会议策划者将活跃会议气氛作为侧重点进行策划,因为他们发现会议的气氛活跃后,会议活动的效果会更加显著。所以,在策划报告会时,可以通过奖项评选或者插入小游戏的形式来活跃会议的气氛。

那么在具体实施这些方法时,需要注意哪些问题呢?下面为大家介绍一下，如图8-4所示。

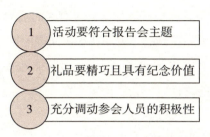

图8-4 通过奖项评选或插入小游戏的形式来活跃气氛需要注意的问题

1. 活动要符合报告会主题

所有的活动都是为达到某种目的而举行的，报告会的目的一般是报告某种事迹或者宣扬某种精神。所以，在报告会上通过奖项评选或者插入小游戏的形式来活跃会议气氛，最终也是为实现报告会的目的服务。因此，这些奖项评选或者插入小游戏的活动形式的策划设置要符合报告会主题，这样，一方面能够活跃会议的气氛，另一方面也能够突出报告会的主题，让报告会更加具有意义。

2. 礼品要精巧且具有纪念价值

倘若策划报告会确定要使用奖项评选或者插入小游戏的形式来调节气氛，那么在礼品的挑选上，就要选择那些既精巧又具有纪念价值的礼品，把报告会的影响扩展到会后。

另外，在选择会议礼品时还应该遵循一些原则，如不送价值太低的礼品或易碎品，而且要考虑到与会人员参会的方便性，体积过大或过于笨重的礼品也最好不要赠送。

在挑选礼品时，一般要选择那些精巧且具有纪念价值的礼品，礼品最好还应具有一定的象征与关联意义。另外，还要注意礼品的实用性，如挂历，既精巧又具有实用性。

3. 充分调动参会人员的积极性

报告会一般气氛比较严肃，如果采用奖项评选或者插入小游戏的形式就可以适当活跃会议的气氛，让参会人员不再只是呆板地作为听众参加报告会，而是作为会议中的主动参与者，积极参加与会议有关的活动。在活动中充分调动自己的积极性，对会议有更加深刻的理解和认识，间接地扩大报告会的深远影响。

总之，在报告会上可以通过奖项评选或者插入小游戏的形式来活跃气氛，大家在策划时，可以将这种形式作为参考。

8.2.3　长沙举办残疾人励志报告会

2011年7月8日，湖南首次大型听力言语残疾人感恩励志教育活动在长沙举行，本次活动的主题是"世界无声梦想无尽，拼搏无言未来无限"，会议的举办方省聋人协会邀请了来自湖南多家企业及省特教中专的150多名聋人参加了此次活动。

活动现场，主办方邀请了7位优秀听力言语残疾人代表分享其创业的经历及感受，以他们的亲身经历告诉残疾人朋友如何战胜残疾带来的痛苦，帮助他们正视自身的生理功能缺陷和社会歧视，鼓励残疾人要自强自爱，创新创业，勤劳致富。

7名残疾人以自己的亲身经历诠释了生命的意义和价值，他们的故事催人泪下，发人深思，引起在场的言语残疾人朋友的强烈共鸣。

感恩励志教育活动结束后，湖南省残疾人心理咨询中心专家毛湘玲还在现场为残疾人朋友做了答疑解惑，为解决他们生活、工作中遇到的各种问题提供帮助。

会上还邀请了淘宝大学讲师黄文婷为参会人员介绍淘宝网扶助残疾人网络创业的项目，为那些对网络创业有兴趣的聋人朋友进行就业、创业现场指导。湖南省残疾人劳动就业服务中心向到会的每位听力言语残疾人朋友赠送澳大利亚残疾友人的励志书籍《人生不设限》，鼓励聋人朋友自立自强。

此次活动还设置了"人生不设限"展览室，展出了湖南全省听力言语残疾人的木雕、扎染、竹编、书画等各类作品以及相关书籍和图片，这些展品充分展示了广大残疾人对生活的热爱以及对真善美的追求，展现了残疾人乐观自强的精神风貌。

会议结束时，参会的聋人表示在会议中增强了对生活的信念和勇气，并对社会爱心人士、机构表达了感激之心。

总结此次报告会活动，里面有许多策划人员需要学习的经验。一方面，报告会的活动完整，内容丰富，从报告人做报告到邀请专家为参会人员做现场指导，再到"人生不设限"展览室的设置，全面地将活动的主题体现了出来。

另一方面，报告会的气氛控制得很好，以报告人的报告为主线，表达了此次报告会残疾人奋发向上，社会人士乐于帮扶的主题。从感人的气氛过渡到奋斗、励志、向上的气氛，气氛的把握十分到位，对会议的成功召开发挥了重要作用。

所以，策划人员在策划报告会时，要对报告会的主题有一个清晰的把握，并做好报告人的联系工作，对会议活动整体流程的实施予以重视，调节好会议的气氛等，做好以上几个方面，就能够对报告会有一个整体的策划构想。

8.3 年终总结会策划

年终总结会是政府机关、企业、社会团体、事业单位或其他组织每年都会召开的一次关于经验或业绩的总结会议。一般而言，年终总结会每年都会在年终的时候召开一次，如何让年终总结会办得叫好又叫座，在历年的会议中脱颖而出，对策划人员提出了较高的要求，本节就为大家介绍一下年终总结会策划的相关知识。

8.3.1 奥克斯"三讲"——讲依据、讲对比、讲承诺

现在大家先看一家企业的年终总结会：

"尊敬的各位领导、各位同仁，下午好！

今天，我们在这里召开2016年终总结会，回顾一年来的工作业绩，并展望明年的美好蓝图。

今天有幸邀请到公司领导参加我们的会议，让我们以热烈的掌声表示真

诚的感谢!

今天的会议共有三项议程：

第一项议程是请各部门负责人和员工代表做工作报告及服务中心做工作点评。

第二项议程是请董事长对服务中心进行工作指导。

第三项议程是对工作优秀的员工进行嘉奖。"

上面的案例中基本将年终总结会包含的内容做了基本的介绍。其实，在策划此类活动时，一般就是包括以上几个步骤。

截至2016年8月，奥克斯集团在"2016中国企业500强"中排名第229位，集团拥有"三星"和"奥克斯"两项跨行业的中国驰名商标和两个中国名牌产品，企业实力十分雄厚。它的发展与自身不断地反思过去和总结经验息息相关。

奥克斯集团每年都会召开年终总结会，在会上，集团都会总结前一年的业绩，对优秀员工代表进行表彰和嘉奖，并且会展望企业下一年的发展、定下发展的目标。其中奥克斯"三讲"——讲依据、讲对比、讲承诺是企业文化中确保效率的管理工具，更是年终总结会内容的代表，代表着会议上需要体现的总结依据、去年与今年的业绩对比和对新一年中的企业业绩的美好展望。

在年终总结会上，首先要学会"讲依据"。公司的业绩总结出来，需要一定的依据，依据是什么，从哪里得来的依据，这些在策划书中都要提及，并且要详细地罗列，只有有依据的业绩总结才能够让员工信服。所以，在策划中要学会"讲依据"。

其次，在会上还要"讲对比"，没有比较，就看不出问题。所以，在年终总结会上，一般除了对前一年的工作作总结外，还会对过去几年公司的发展做一个对比，让员工直接感受到上一年付出的努力是看得见的，能够通过对比来发现公司的变化。

最后还要"讲承诺"，在年终总结会的最后，一般会对公司的员工做一个承诺，为员工加油打气，将下一年的计划向员工展示出来，让员工在会上了解公司进一步的发展，从而激励员工更加努力工作。

做到了以上三点，就对年终总结会的基本内容有了大概的规划。策划人员再进行会议活动的细节优化，就能策划出一次完整的年终总结会了，希望上面的知识对大家有所帮助。

8.3.2 奥克斯的年终表彰大会策划

年终总结会的策划需要学习的经验有许多，下面就以奥克斯的年终表彰大会为例，讲解一下年终总结会策划的相关知识。

2016年2月2日，"2015年度奥克斯骄傲颁奖盛典暨2016年迎春晚会"在宁波香格里拉大酒店圆满落幕。晚会上来自集团、电力、空调、医疗、地产、融资租赁、商用等单位的千余名员工代表欢聚一堂，共同回首了2015年取得的喜人业绩，展望了集团2016年的新发展。

在奥克斯的年终表彰大会上，奥克斯回顾了2015年企业取得的成绩。在这一年中，奥克斯集团实现营收596亿元，利税31.8亿元，为国家的经济发展做出了自己的贡献，并且加快了产业创新，大胆转型，战略布局精准，取得了喜人的成绩。

在颁奖盛典上，奥克斯集团对优秀团队和先进个人进行了表彰和嘉奖，对他们在过去一年中为集团做的贡献给予了肯定。

在会议期间，集团人力资源部总监何庆龄、总裁办副主任陈瑾、电力事业部总裁李维晴、空调事业部常务副总裁崔华波等分别围绕战略与业绩、文化传承、团队与用人文化、与奥共成长等关键词进行分享。

"30年前，7人团队，负债20万元，开始作坊创业，30年后，两万家人，营收596亿元，迈向千亿目标。"这是集团管理层对集团发展史的总结和概括，也是对为集团做出殷勤努力的员工的激励。

此次年终表彰大会恰逢奥克斯创业30周年，奥克斯集团董事长郑坚江也发表了演说，对奥克斯人的努力做出了肯定。随后，创业初期的老员工缪忠表、叶亚素一起将生日蛋糕推上舞台，并与集团领导聚力喜切蛋糕，将庆生环节推向高潮。

由于2016年是奥克斯实现千亿目标的关键之年，集团董事长郑坚江在会上还做了题为《耕耘三十年·腾飞千亿梦》的主题报告，系统总结了集团2015

年各项工作和主要经营指标完成情况，部署了集团下一阶段的重点工作。

在颁奖礼结束后，来自集团、空调、电力、医疗、地产等事业部的演员为观众们带来了一场别开生面的视听夜宴。最后晚会在集团及各事业部高管的年代走秀及现场演唱的一曲《真心英雄》中落下帷幕。

此次奥克斯的年终表彰大会的准备时间历时两个月，从策划到执行，每位参演的员工都做出了自己的努力，共同促成了会议的圆满召开。

从奥克斯的年终表彰大会中可以看出，年终总结大会的策划活动耗时长，涉及的人员也多，策划的步骤、策划的细节等都需要策划人员细心总结和策划。所以，在策划此类会议时，找到一个成功的晚会模板，按照它的主要步骤进行分析和总结，再加上公司自身或团体的实际情况，就能策划出一场令人满意的年终总结大会了。

8.4 商业论坛活动策划

商业论坛会议多为公开性会议，此类会议一般有一系列分会，所以会议场所的选择非常重要，基本要求是可以分割或者主会场附带小会场，并且对会议设施要求也比较高，同声传译、传媒记者招待、多媒体、视频直播以及讨论场地等均可能会有要求。

此外，如果会议主办地的会场不能满足几种分割要求，那么会务交通就成为需要重点考虑的内容。所以会议的策划也相对来说比较烦琐，本节就带大家学习一下商业论坛活动策划的相关知识。

8.4.1 邀请重量级嘉宾提高关注度

2016年5月20日，"2016中国金融论坛"在北京召开。本次论坛以"金融创新服务助力'双创'引擎"为主题，邀请了众多知名企业大咖，以独特视角冷静分析判断了当今中国金融形势，提出了极具预判性的观点，其发言内容十分精彩。

会上邀请了全盛资本集团董事长刘阳，他在论坛上提出"从客户本位出发，策应金融供给侧改革"的观点，表示在面对中国金融热经济冷的失衡现象时，大家要做的不是打压、不是捂紧钱袋子，而是应该从客户本位出发，进行供需的调整。

刘阳还表示，全盛资本首次提出金融产品私人化定制概念，把定制贯穿到服务的各个环节。"全盛不谈大而空的理想，只说我们真正能给这个网络的、速食的时代带来哪些实惠。所有全盛的客户生活层次都提高了，我觉得全盛的责任就尽到了。"

除了全盛资本集团董事长外，海尔金控战略总监刘钢也在会上做了主题演讲，他提出"把金融和实体经济结合起来"的观点，并且在论坛发言中强调，把金融和实体经济结合起来，对互联网金融和传统金融而言，都有很大的发展空间。

除了以上两位发言人之外，论坛还邀请了中国国际金融股份有限公司投资银行部执行总经理安国邦、恒泰证券股份有限公司副总裁邓浩等多位金融领域的杰出代表人物。这些重量级的嘉宾大大提高了此次论坛的关注度，同时也扩大了论坛在社会上的影响力。

从上面的案例中可以看出，邀请重量级嘉宾可以大大提高商业论坛活动的关注度和影响力。所以，在策划商业论坛活动时，需要策划人员对活动邀请的嘉宾予以重视，尽量在策划时多邀请重量级的嘉宾，为商业论坛活动增加分量，吸引更多人的关注。

在策划中，不仅要将邀请重量级嘉宾的想法提出来，还要把如何邀请这些重量级的嘉宾和邀请人的名单和细节写清楚，这样才能让策划得到具体、快速的执行。

一方面，在策划时首先要确定商业论坛活动的规格，根据活动的规格邀请相同分量的嘉宾，如果商业论坛活动的规格达不到标准，那么嘉宾一般也不愿意参加。所以，在写策划时首先要考虑全面。

另一方面，在邀请重量级的嘉宾时，要注意其中的商务礼仪。在邀请时，要将正式的邀请函送到被邀请的企业家手中，保证邀请到位。另外在邀请嘉宾时，就要对嘉宾详细、清楚地描述商业论坛活动的主题和主要活动流程，便于嘉宾进行演讲稿的写作和了解会议流程。

8.4.2 邀请强势媒体参与增强口碑传播

2016年7月15日,以"构建商业新生态,助推供给侧改革"为全新发展理念展开深入研讨的"第二届钱塘商业论坛"在浙江省衢州市举行。

此次论坛活动邀请了当地省电视台等众多强势媒体的参与,获得了广泛的社会关注度和较大的影响力,商业论坛活动举办得十分成功。

随着社会的发展,越来越多的企业发现媒体宣传是企业品牌传播和市场推广的重要一环。同样在商业论坛活动中,通过媒体的曝光能够让活动更加具有传播度和影响力。

通过媒体的报道,能够让人们近距离感受活动的氛围,了解活动的开展情况,通过商业论坛上的企业家演讲,倾听企业高层领导者的声音,能够有效地提升企业的知名度、认可度和影响力。

那么如何在活动策划中邀请到强势媒体呢?其实在策划之前就要做好准备工作,下面就为大家介绍几种办法,如图8-5所示。

图8-5 在活动策划中邀请到强势媒体的方法

1. 加强和媒体的联系

一般来说,媒体的报道形式有普通报道、记者专访、行业专题等,如果想获得媒体更多的关注,获得持续的报道,与媒体的良性互动必不可少。

所以,无论是企业的高管还是企业的市场公关人员,都应与媒体人员建立良好的合作关系。在平时,市场人员可以将市场一线情报及时通报媒体记者,为媒体记者提供一手资讯,利于与媒体形成长期稳定、互惠共赢的合作关系,平时多与媒体进行互动和联系,就可以在举行大型会议时邀请到强势媒体的参与。

2. 让媒体主动报道

众所周知，媒体一般比较喜欢大新闻，这样的新闻报道容易引起大众关注。商业论坛活动本身就是一场规模比较大的活动，所以，策划人员在邀请媒体时就可以充分发挥这一优势，将会议的亮点展现给媒体，吸引他们的关注。

举例来讲，商业论坛活动会邀请多位行业知名人士，这时策划人员就可以直接把参会的行业知名人士的名头亮出来，自然就为会议增加了亮点，吸引媒体的积极参与。除此之外，企业的投资背景、会议与实时热点的结合以及某行业推出的具有创新功能的新产品等都可以作为商业论坛活动的新闻热点话题，吸引强势媒体的关注。

3. 寻找媒体公关合作

商业论坛活动需要邀请多家媒体来增加活动的曝光率，从而扩大节目的影响力。如果没有充足的媒体邀请渠道，一家家去找的方法十分耗费人力和财力，而且对媒体的价值也很难判断。

而这时如果寻找媒体公关就比较容易，他们的媒体渠道很全，媒体的选择、报价、流程等都很专业，可以为策划人员节省下精力去完善其他的活动细节。

8.4.3　2016年"智能物流，城市共同配送体"高峰论坛策划

随着经济的迅速发展和人民生活水平的提高，消费者的需求逐渐向精细化、个性化方向发展。为了满足大众的需求，制造商纷纷采用多样少量的生产方式。与之相对应，高频、少量的配送方式随之产生。

然而，国内大多数企业都面临物流成本上升、投资物流现代化能力不足以及专业人才缺乏等物流方面的问题。因此，如何整合社会资源以提升物流作业的效率、降低物流成本，已经成为目前商业自动化目标中最关键的话题之

一。

　　以此为背景,"智能物流,城市共同配送体"高峰论坛于2016年6月28日在武汉市举办,邀请了来自业界的权威专家和知名企业家,共同对互联网、移动互联、分享经济、云计算与物流业深度融合等问题进行了研究和探讨,分析判断了互联网与智能化对物流业产生的影响,准确把握了行业发展大势。

　　会上,湖北省商务厅电子商务处处长张剑锋做了会议致辞,对物流界朋友齐聚湖北省武汉市表示欢迎。

　　会议期间,九州通医药集团物流有限公司总经理张青松就"互联网+医药物流配送中心规划与运营"做了详细介绍,苏宁物流集团华中区总经理胡潘就"分享开放、共享、创新、共赢未来"主题进行了分享。G7汇通天下西南区总经理李锋就"配送能效提升10倍:正在发生的未来"做了分享。

　　除此之外,参会的北京云鸟科技有限公司、湖北云商云仓供应链管理有限公司、上海佳速物流有限公司、发哪儿物流全产业链云平台等知名企业的与会代表也在会上做了会议主题分享,同时对自身企业的发展做了智能物流的相关发展方向的展望。

　　同时,大道物流梅海涛、苏宁物流胡潘、武汉京昌物流王谦、金瑞物流园孙雅琛、码上配赵光五位嘉宾还现场讨论了共同配送的未来发展趋势,将会议的气氛带向了高潮。

　　此次"智能物流,城市共同配送体"高峰论坛旨在为物流行业专家、企业和物流职业者搭建一个交流、沟通和合作的平台,共同服务中部经济崛起和物流产业升级。在策划时,策划人员紧紧围绕这一主题,分别策划了大会主办方会议致辞和参会企业主题分享、交流的流程,会议的重点突出,主旨明确,是一次成功的会议策划。

8.5 "2016中国互联网大会":聚焦中国互联网战略

　　2016年6月21日,"2016中国互联网大会"在北京国际会议中心举行,中国互联网大会是由中国互联网协会主办的中国互联网行业年度盛会，"繁荣网络经济，建设网络强国"是此次大会的主题。

本节就带大家一起学习"2016中国互联网大会"中的策划知识。

8.5.1 论坛+展览+配套活动

2016年6月21日，"2016中国互联网大会"在北京国际会议中心举行。在此次中国互联网大会上，"论坛+展览+配套活动"是策划人员需要关注的，下面就带大家先了解一下此次大会的情况。

"2016中国互联网大会"以"繁荣网络经济，建设网络强国"为主题，设置了"互联网前沿技术、分享经济、智能制造、互联网+现代农业、互联网安全、互联网创新创业、互联网国际交流"七大板块。

会议围绕以上七大板块，在三天时间内密集推出了20余场特色论坛，此次论坛覆盖多个领域，包括商业智能、政府决策、公共服务、市场营销等。在此次论坛中，主办方进行了新尝试，推出"黄金30分"的论坛形式，让企业有30分钟的时间来展示优秀项目，获得了参会企业的一致好评。

除此之外，为了配合此次活动，展区面积比以往扩大了20%。除了传统的展览展示外，还特别开辟了"创业街"区域，为优秀的草根创业者和初创团队提供免费展位，为企业的产品和企业形象做展示。

另外，大会还引入了全新的环节——"尖峰时刻"，以问题为导向，由主办方抛出当前行业的热点话题，邀请政府代表、专家学者和企业代表共同展开演讲、互动和对话，来搭建"独一无二的政企直通桥梁"，令参会人员获益良多。

除了三天的会议和展览外，大会还组织了一系列的配套活动，如举办"寻找中国产业互联网创新实践"活动，走进地方寻找产业互联网实践案例并在大会上集中展示；在台湾省台北市举办"中国互联网大会台北专场"，继续为两岸互联网产业搭建合作交流平台；在美国举办"中国互联网大会硅谷专场"，带领更多中国企业走出去，为论坛又添上了精彩的一笔。

"2016中国互联网大会"最终在6月23日圆满落下帷幕，无论是参会方还是关注此次会议的社会人士都对此次大会给予了高度评价。总结此次会议活动成功的原因，与它的"论坛+展览+配套活动"的策划思路是分不开的。这一思路一方面丰富了会议的内容，另一方面对会议活动的创新也发挥了重要作用，这一点值得策划人员借鉴。

8.5.2 听"德国互联网之父"谈"德国工业4.0"和"中国制造2025"的合作计划

2016年第十五届中国互联网大会邀请了"德国互联网之父"、国际互联网名人堂入选者Werner Zorn参会。他在会上谈了"德国工业4.0"和"中国制造2025"的合作计划，他表示，"中国制造2025"已超过"德国工业4.0"的概念范畴，应用十分广阔。

早在2006年，德国联邦教育与研究部以推动科学同工业的结合为宗旨，发起成立了"工业科学研究联盟"。根据德国联邦外贸与投资署的信息显示，2011年1月，"工业科学研究联盟"正式发起，将"工业4.0"作为德国政府的"未来项目"。

随着项目的推进，"工业4.0"成为德国政府2020年高科技战略行动计划中十大未来项目之一。这一战略旨在将信息通信技术同传统制造技术进行深度结合，将对制造业产生广泛而深远的影响，被称为"第四次工业革命"。

德国总理默克尔访华，"德国工业4.0""中国制造2025"两大战略作为中德最被看好的合作领域，引发了市场热议。

Werner Zorn在谈到德国工业4.0战略时表示，德国的工业经过多年优化，生产线已经日臻完善，德国工业4.0将工业与互联网结合，以提升德国制造的国际竞争力。

通过比较中国制造2025及德国工业4.0，Werner Zorn认为，从生产线角度看，工业4.0要实现实时生产，以及智能产品和智能组件生产的范畴，而中国制造2025不仅限于此，它的战略非常广阔。

在谈到中德之间的战略合作时，Werner Zorn也曾表示，对于两个战略之间的合作或两个国家之间的合作，德中两国的出口都非常强劲，是全球第一大和第二大出口国,所以两国力量的来源对于德国来说是来自于传统行业以及企业资源管理方面,德国在这些方面做得非常好。中国是互联网的第二大国,所以中国在制造业方面可以和互联网实现优势互补。

上面是2016年中国互联网大会上"德国互联网之父"Werner Zorn对德国工业4.0和中国制造2025的合作计划的演讲。因为邀请了"德国互联网之父"Werner Zorn为会议做了演讲,所以此次大会的内容更加丰富、议题更加有针对性,为大会的顺利召开增色不少。

所以,在策划时,要注意会议内容的丰富性,尽可能多邀请一些与议题相关但思考角度不同的嘉宾,为会议活动的开展提供多种不同的视角,保证会议活动内容的丰富性,提高会议活动召开的价值。

第9章　培训活动策划

　　2016年秋季学期开学伊始，为了培养学生良好的习惯，营造良好的学习氛围，成都市桂林小学开展了班主任培训活动。

　　活动由学校分管德育的副校长主持。副校长就本学期的德育主题——"养成好习惯，走向成功路"进行了解读，并对新学期班主任的工作开展方向及德育目标作了安排与部署。

　　活动中，学校的优秀班主任代表对自己在班主任工作中的成功案例和教学方法以及反思教学、班级管理中存在的不足和大家进行了分享交流，让在座的各位班主任受益匪浅。

　　上面就是一次小型的培训活动，以优秀代表现身发言为培训人员进行经验讲解为主要活动内容，达成对参会人员培训的目的。本章就以培训活动策划为主要内容，讲解相关的策划知识。

9.1 公开课培训策划

公开课培训是培训活动中常见的一种形式，它是一种有组织、有计划、有目的的面向特定人群作正式的公开课程讲授形式的活动。

现在社会上出现了许多比较有影响力的公开课，诸如网易公开课、搜狐公开课、中国大学精品开放课程等，这些公开课的主题鲜明、任务明确，让人们可以免费获取精彩的知识。本节就为大家讲解一下公开课培训策划的相关知识。

9.1.1 针对现实问题设立培训课程

2016年9月8日，大众汽车学院2016年第三期公开课在北京大众汽车学院培训中心举行。本期公开课上，大众汽车学院院长申筱洁教授与学院的资深讲师通过趣味化游戏、情景模拟等教学方式，让嘉宾全程体验了汽车销售、售后和维修的服务流程培训，科学严谨、人性化的课程设计赢得了嘉宾的好评。

在课上，大众汽车学院的资深讲师分别从销售、售后服务和维修三个方面进行了系统、专业的讲解，让来宾全面了解大众汽车品牌的服务流程，在与顾客接触的每一个环节中如何更好地满足并超越顾客的期望。

据资料显示，目前大众汽车学院提供了12个课程模块，200多个培训课程，其中包括3000多份课件。学院自2011年成立以来，累计培训人数超过200万，累计认证培训师超过1000人，始终保持100%的培训师认证率。再加上2016年以来国内市场的汽车销售量和存量都大幅增加，汽车产业的扩容使得市场对于专业类人才的需求上升。

以此为背景，大众汽车学院立足现实，结合行业的发展，将国际先进体系与中国汽车市场的发展现状相结合，不断寻求人才培养领域的创新技术及理念，将培训的课程设置得更加贴近实际，培养的人才也受到企业的欢迎。

从上面的案例中可以看出，无论是对企业还是对于员工来说，针对现实问题设立培训课程都十分重要。那么在策划时，如何针对现实问题设立培训课程呢？

一方面，要找出当前存在的问题。无论是企业当前存在的问题还是员工当前存在的问题，都需要在设立培训课程时全部找出来，这样才能了解和掌握相关的情况，对企业和员工的进一步发展做出针对性的需求分析。只有立足实际出现的问题，设置相关的培训课程，才能让培训的课程更加贴近现实。

另一方面，需要策划人员去挖掘问题背后的问题。有时候，企业或员工表现出的问题只是其中的一个表层问题，并未涉及深层次的问题。但是，策划人员在安排培训的课程时，不能仅仅只看到这些表层的问题，更要挖掘问题背后的问题，找到出现这一问题背后的深层次原因，为此找到彻底解决问题的方法。

举例来讲，一般情况下员工会存在消极怠工的情况，那么策划人员不能只是针对员工出现的这一问题设置一些如何提供员工积极性的培训措施，如果是这样，策划人员的培训课程设置就是不合格的。这时，就需要追根溯源，分析和挖掘员工出现消极怠工现象的原因，是否与公司的管理制度有关，或者是员工对企业的文化不认同等原因。在此基础之上，设置培训的课程，就能让培训课程更具有深度，更加能够解决现实问题。

9.1.2 "重技巧，轻内容"的误区

虽然现在大多数公开课都赢得了观众的关注和喜爱，但是还是存在一些公开课本身被异化或俗化的现象，陷入了"重技巧，轻内容"的误区，将技巧看成公开课最重要的一部分，忽视内容在课程中的重要作用。

如果公开课被当成是一场表演，重视技巧而轻视内容，那么它的发展也就会止步于此，不会再受到人们的关注和青睐。所以，大家在策划公开课时，一定要走出"重技巧，轻内容"的误区，课程的内容要真正能够用于解决生活中的问题。我们只有把公开课当成是一种发现问题、集中解决问题的有效方

式,它才是人们真正需要的培训课程。

那么如何走出这种"重技巧,轻内容"的误区呢?下面为大家介绍几种方法,如图9-1所示。

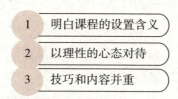

图9-1 走出"重技巧,轻内容"误区的方法

1. 明白课程的设置含义

一般来说,公开课是教学实践与最新教育理念的结合,它具有展示性与导向性。公开课具有三个关键词,分别是:真实、扎实、高效。一方面,它有助于提升教师的专业水平,对教师的专业化成长具有积极的意义;另一方面,公开课有助于听课者知识的长进和自身的发展。

但是,有些公开课的策划十分注重技巧,通常都会发动整个备课组进行精心设计和刻意包装,力求使公开课十全十美。经过精心准备,活泼生动、五彩斑斓的课件,学生积极、准确、优秀的表现,热闹非凡的课堂气氛通常能得到领导、同行的好评。然而这种热闹背后却隐藏着一种"重技巧,轻内容"的误区。

这一误区会让公开课的授课效果大打折扣,虽然形式上看上去十分精彩,但是课程的内容却存在空洞甚至虚假的现象。对授课人来说,过度包装会浪费很大的精力,自己的注意力不能专心用到课程的内容设置上。同时,对于听众来讲,没有内容的课程对自己没有任何价值,会大大降低公开课的听课率,影响公开课的传播。

所以,为了走出这一误区,在策划公开课活动时,要真正地明确课程设置的含义,了解公开课的本质意义:要对课堂教学进行现场的展示与实例解剖、反思、总结和引领听众去学习和掌握知识;清楚课程的成功与否并不在于课程运用了多少技巧,课程的形式有多精彩,最重要的是课程向人们传递的理念和知识,在于课程对人们工作和生活的帮助。

2. 以理性的心态对待

以教育界的公开课为例，伴随着新课程实施的深入推进，教育界不仅努力更新指令型课程中已经形成的传统的教学方式，也在积极反思长期沿袭的不乏泡沫的教研方式。诸如对教案编制、课题研究、论文撰写等一系列教研活动及其流程发出了"伪教研"等令人深思的尖锐批评，特别对五花八门、精心包装的所谓"公开课"提出了强烈的质疑。

毫无疑问，以一种理性的心态研究公开课的是是非非，特别是对于高中新课程的建设具有不可低估的积极意义，运用理性的心态对待公开课的策划活动，是一种走出"重技巧，轻内容"误区的有效方法。

3. 技巧和内容并重

作为一种教研形式，公开课具有存在和发展的价值，它以其原生态和个性鲜明的特征逐渐走向公众的视野。所以，在对它进行策划时，要逐步完善它的发展，走出误区，做到技巧和内容并重。一方面对公开课的技巧加以修饰，让公开课的形式更吸引人们的关注；另一方面要特别注重公开课的内容，以实用、有价值的内容来充实公开课，让内容成为公开课的精华和亮点。

9.1.3 "国民老公"王思聪力挺WCA电竞高校公开课

2016年4月2日，中国最高规格的电子竞技赛事"WCA2016高校电竞争霸赛"在清华大学举办了别开生面的电竞行业公开课。

在公开课中，WCA2016赛事的官方发言人与中国电竞行业的领导者们齐聚一堂，为学子们清晰明了地阐述了中国电竞行业的现状以及未来发展的趋势和美好前景。

WCA，即世界电子竞技大赛，它创立于2014年，是一项全球性的电子竞技赛事，该项赛事由银川市政府、银川圣地国际游戏投资有限公司运营，以"Hero's Arena，Player's Dreamland（英雄的竞技场，玩家的寻梦地）"为口号，将PC游戏、手游、页游作为比赛项目，通过举办国际性电竞大赛、组织电竞选手培训、设立优秀选手个人工作室等形式，致力于推动电子竞技赛事、电子竞技产业的蓬勃发展。

在公开课上，WCA2016的代表发言人苏拉亚先生首先登台，为学子们介绍了WCA2015的巨大成功与WCA2016的计划与期望。他指出在WCA2015中，线上总观看人数超过了5亿人次，年度总决赛的数日里观赛人数更是超过1.5亿人次。在2016年的WCA电竞赛事里，总奖金也会相应得到提高，将可能达到两亿元。

作为著名的电竞人之一，韩国魔兽争霸3选手"月神"MOON也专门从韩国赶赴中国，在公开课中表达了自己对于电竞的感情与思索。

其实，早在几年之前，WCA世界电子竞技大赛就引起了人们的普遍关注。2015年12月19日，WCA2015全球总决赛进入到第三个比赛日，随着各个项目都已经进入到白热化阶段，比赛过程愈发激烈，赛事的各项进程也引发了前所未有的关注度。

在19日当天，有网友发现，在WCA2015全球总决赛微信赞赏排行榜上出现了"国民老公"王思聪的身影，而且他在微信打赏功能中的刷榜中夺得第一，为它最心爱的战队加油鼓气。

除了在游戏中刷榜外，王思聪还在2016年成立了熊猫TV，实施了"香蕉计划"，把电竞作为一门重要的生意来经营。这一次，他为高校电竞市场又砸下了3000万元。

2016年6月30日，上海蓝游文化传播有限公司宣布获得王思聪名下的北京普思投资有限公司近3000万元的A+轮融资，投资之后公司整体估值超5亿元。

蓝游文化成立于2014年10月，是一家组织电竞娱乐活动、制作电竞娱乐内容及搭建电竞娱乐社区的公司。在公司成立的时间里，蓝游文化瞄准了高校电竞这个市场，组织了目前最为成熟的高校电竞赛事"创联赛"，该项赛事第三赛季的参与人数已超5万人次。在2016年7月16日—17日于南京举办的总决赛上，来自全球的96名高校选手将竞争四个电竞项目的最后的总冠军。

经过两届赛事的积累，蓝游文化在第三赛季已经将创联赛升级为包含韩国、独联体、大洋洲、北美洲的全球化电竞嘉年华。它还吸引到Gameshow、Azubu TV、ECCA、Utral Media、NewEra等海外机构的合作，并将延续合作至后续赛季。

此次在清华大学举办的电竞行业公开课更是吸引了外界更多的关注度，

为游戏和企业都提高了知名度。

作为最热门的游戏,英雄联盟的火爆可以说是电竞行业起飞的直接原因。据统计,NBA2014年的关注人数约为1800万人次,而英雄联盟LPL的关注人数却达到了难以想象的2700万人次,进而推动MOBA游戏成为主流的电竞项目。新生的电子竞技第一次超越了最热门的传统体育竞技项目。

就是在这一背景下,WCA电竞高校公开课活动得以顺利举行。这一成功的公开课培训中有许多值得策划人员借鉴的地方,大家可以仔细分析,积累策划公开课培训的相关知识。

9.2 企业内训策划

企业培训是推动企业不断发展的重要手段之一。它是指企业或针对企业开展的一种提高人员素质、能力、工作绩效和对组织的贡献,而实施的有计划、有系统的培养和训练活动。

企业培训分为外部培训和内部培训,企业内训是指在企业内部进行培训和学习,内训老师是内部有经验的人员或者通过外部聘请来的人员。

因为公开课的人均培训费用较高,企业往往只挑选几个人去学习,所以对一般的企业和员工来说并不合算。而企业内训与之不同,虽然整体的培训费用也不低,但是人均核算成本低,相关部门的人员都可以参加,有助于企业统一理念和思想,进而促进企业和员工的共同发展。

所以,在一个企业中,企业内训策划也占据相当大的比例,本节就带大家学习一下企业内训策划的相关知识。

9.2.1 培训需求分析

2016年8月19日,由贵州国际商品交易中心有限公司行政人事中心策划组织的"九型人格"企业内训顺利开展。在内训师的选择上,企业邀请了美国九型人格全球学会EPTP亚洲中心认证导师、国家二级心理咨询师陈保全老师作为企业的内训师。

本次企业内训紧紧围绕三个智慧中心与销售应用、三种本能副型与销售应用、三种核心性格与销售应用及快速识别客户性格类型的策略展开。

通过这三个方面的讲解，让销售人员认识到在接触客户的过程中，自己的一言一行都十分重要，有很大的可能被客户有意无意地进行解读和接收，这些会影响整个销售过程是否顺利和高效地展开，进而影响了销售结果的成败。

在此次培训的授课过程中，培训讲师将企业和员工的培训需求放在首位，在这一基础上强化培训需求的导向作用，深入分析培训的需求，理论联系实际，将知识寓教于乐，让学员们在愉快的气氛下学习销售的知识。

同时，得益于培训师对培训需求到位精准的分析，使得公司的各级销售、服务人员对客户开拓、维护整体过程得到了全新的认知，提升了各项能力，也在一定程度上强化了团队建设，为公司的持续发展打下了良好的基础。

上面就是在细致分析培训需求的基础上组织的企业内部培训，此次培训活动的效果良好，可见在企业内训策划中，培训需求分析必不可少。

那么培训需求分析是什么呢？通俗地讲，培训需求分析就是采用科学的方法弄清谁最需要培训、为什么要培训、培训什么等问题，并进行深入探索研究的过程。它具有很强的指导性，是确定培训目标、设计培训计划、有效地实施培训的前提，也是现代培训活动的首要环节。同时，培训需求分析作为进行培训评估的基础，是使培训工作准确、及时和有效的重要保证，对企业的培训工作至关重要。

因此，准确、合理的培训需求分析十分重要，如果忽略了它的作用，随后进行的所有的工作都有可能是错误的。因此，培训需求分析是策划企业内训工作的第一基本功。

在上面的案例中，进行企业内训就是建立在销售的过程中客户和员工不同的行为表现会带来不同销售结果的基础之上的。在销售中，识别和销售紧密相关的关键行为以及客户行为背后的心理动机对于销售人员非常重要，正是由于企业员工有这种需要，所以企业才会举办内部的员工培训，如果销售人员能够掌握销售的真正精髓，就能洞察客户的内心世界，在最短的时间里达成销售目标，通过内训达到这一效果对于公司来讲是十分划算的事情。

那么培训需求分析要从哪些方面开展呢？下面就为大家讲解一下，如图9-2所示。

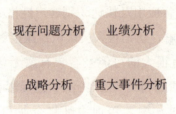

图9-2 培训需求分析的四大方面

1. 现存问题分析

公司的内训一般是针对公司自身现存的问题开展的，如果公司在某方面存在严重的问题，就说明相对应部门的员工在整体上可能不适应其职位的要求，这时就需要通过分析，进行相关的培训来解决出现的问题。

2. 业绩分析

在进行培训需求分析时，通过绩效管理体系，可正确评估员工的个人能力、岗位技能差距与努力方向，从而为公司制订培训计划和岗位技能训练提供依据。所以，在制作培训内容之前，首先要确认不同职位员工达到理想绩效所必须掌握的知识和技能，通过对绩效评估结果的分析，了解员工的行为、态度及工作绩效与理想目标之间的差距，在此基础上确认培训所需的内容。

3. 重大事件分析

重大事件是指对实现公司目标起关键积极性或消极性作用的事件。在确定企业内部培训的目标时，对重大事件进行分析可以使培训更加具有针对性，能够助力公司的发展。

4. 战略分析

培训需求分析必须首先满足公司战略实现的需要，从公司的战略目标和战略计划出发进行分析。一般来讲，这种方式的具体做法为：年终时全面衡量公司目标的实现程度，从中找出目标与现状的差距，形成培训需求。

同时，公司在制订下一年度的经营计划时，也需考察人员培训开发的需求，作为制订下一年度培训计划的依据。

9.2.2 量化培训目标

大数据时代，以数据说话。数据的统计和分析，能够直观地反映培训的整体情况，为培训的效果分析提供参考价值。同样，在企业内训中，培训的结果是企业最为关注的方面。所以，在培训时往往会将培训目标量化，以便更好地观察培训的成果。

在量化培训目标时，培训KPI（Key Performance Indicator，即关键绩效指标）管理是衡量及追踪培训进度及效果的重要指标。对培训目标的量化需要KPI，下面为大家讲解一下培训KPI相关的知识，如图9-3所示。

图9-3 量化培训目标中的相关指标

1. 人均培训小时

人均培训小时是培训KPI中的一项指标，它是指在规定时间段内，单位内员工实际的培训小时的课时总和除以在该时间段内单位员工的平均人数。它的计算与时间段有关，举例来讲，某部门在1—6月份的平均人数为20，该部门在1—6月份期间的培训总课时为800小时，那么，该部门在上半年的人均培训小时是800/20=40小时。

设定人均培训小时可以从整体上对培训的内容课程设置有一个整体上的规划和了解，能够为培训的实际应用做好指标量化。所以，在策划时，人均培训小时是必不可少的量化指标。

2. 培训普及率

培训普及率是指某一时间段内参加过培训的人数在总人数中所占的比

例。需要策划人员注意的是，培训普及率能够以部门公司或者某一职位类型为单位进行计算。另外，任何人无论在该时间段内参加过多少次培训，只能统计一次。同时，可与历史数据进行纵向比较，也可与同行进行比较。

对这一指标进行量化，有助于对企业员工的培训效果有一个整体的认识，为培训的课程安排和参与培训的人员安排提供借鉴。

3. 成本指标

成本指标包括显性成本和隐性成本两种。众所周知，在员工培训时，公司要付出成本，这些成本的付出需要在最后与培训取得的效果作对比，来衡量培训的实际效果。这些成本一般包括培训师费用、学员的学费、场地费以及员工培训小时、培训小时折算成的工资等，这些都需要做好数据的统计，为最后的培训效果提供对比的依据。

其实，培训的目标就在于让员工的知识、技能、工作方法、工作态度以及工作的价值观得到改善和提高，从而发挥出最大的潜力、提高个人和公司的业绩，推动公司和个人的不断进步，实现公司和个人的双重发展。

另外，科学量化培训需求对于构建企业完善的培训管理体系具有重要作用，走好这一步，才会让培训事半功倍。

所以，在策划企业内训时，需要通过引入量化培训目标的方法来科学地衡量培训的目的和效果，为达到活动的目的提供助力。

9.2.3　针对员工的个性化设计

2016年9月，国网果洛供电公司持续开展新员工入职培训，帮助新员工更好地熟悉企业文化，融入公司的工作生活。

培训课程涉及公司的发展史、组织架构、企业文化、规章制度等众多方面，会上还邀请了各部门主任担任讲师，向新员工讲述他们的亲身经历。

培训中，该公司通过印发《新员工入职指南》、授课等方式进行系统的学习，让新员工对公司的发展历程有了更加深入的了解，为更快融入公司的工作生活做了准备,也为刚入职的员工注入了信心和勇气。

入职培训作为企业内训的一种形式,它就像一个窗口,是新员工了解公司、融入公司的重要渠道。员工通过入职培训,对公司有了初步的了解和认识,为以后工作的开展打下良好的基础。

所以,企业内训对于员工和企业来说十分重要,但是需要注意的是,员工的层次和能力根由不同,虽然在入职培训中可以大规模地进行新员工的培训,但是在企业的成长过程中,员工会分化成不同的层次,这时,再对他们进行统一的培训就有点不切实际了。所以,在策划企业内训时,要结合实际情况,针对员工的个性设计培训的内容和课程,以便为员工的更好发展提供助力。

那么如何实施针对员工的个性设计内训呢?下面为大家提供几条建议以供参考,如图9-4所示。

图9-4 针对员工的个性设计内训的方法

1. 分批分阶段培训

在企业的内训中,往往会出现所有员工同时进行培训的情况,不同层次、不同职位、不同能力的员工都混在一起,培训的结果自然是有的人觉得培训内容太难、有的人觉得太简单、有的人觉得浅、有的人觉得深,怎么培训都会有人抱怨。尽管培训的内容是精心准备的,结果还是不能满足大家的胃口,这是由于没有分开处理培训的内涵,因而对象定位不准确,将所有人组织在一块儿培训,结果自然不能让人满意。

所以说,企业在做内训时,一定要将员工定好位,千万不能为了节省成本,就只举行一次大型的培训。最好的办法就是对员工分批分阶段培训,针对不同的员工做不同内容的培训,这样才能保证培训的效果更有针对性,保障员工能够从培训中获得经验和技能。

2. 重视讲师的挑选

在企业内训中，一般会请在企业待了很多年的老员工来担任讲师，他们对企业非常熟悉，所以讲文化、讲市场营销、讲历史、讲流程等都轻而易举。但是，也正因为如此，有些讲师就会消极怠工、倚老卖老，极大地影响员工培训的积极性，这样的培训效果可想而知。

学员之所以能在培训中获得收益，与讲师有很大的关系。假设讲师把每次的培训都当作一次公众检阅，他就会努力去创新，每一个手势、每一个动作都会给人常变常新的感觉，让人有所期盼，特别是内容编排上，总在思考进行创新，让员工在每次培训时都有新的收获。

优秀的讲师能够发现参加培训的员工的不同个性，针对他们的个性对培训内容进行调整和改进，进而形成为员工量身打造的培训，进一步提高企业内训的效果。

3. 防止理论与实际脱节

在企业内训中，想要有针对员工的个性设计的培训，就要防止培训的内容与实际脱节。一般而言，企业内训的讲师往往没有经过系统的训练，大多是自学成才，但是他们在做培训时会学习很多的理论，用来指导企业的实践。所以，在他们讲课的时候，往往是理论一套、实际一套，理论与实际之间存在很大的差距，不仅不能灵活运用，甚至还会存在矛盾。

所以，在策划中，建议大家先去考察实际情况，再去发现指导理论。企业内训的目的性明确、方向清晰，旨在帮助员工提高技能，如生产技能、计划能力、组织能力等，重在能力培养。所以，在策划相关内训内容时，要防止理论与实际脱节。

9.2.4 腾讯学院——企鹅帝国的培训策略

"现在大家做培训，不要再没完没了地找很多新的工具、新的方法论、新的概念。其实没有太多新的东西了，通常培训效果不够好，是因为做得不到位，做得不精。"

这是腾讯学院常务副院长马永武对当前业界培训情况的一些看法。腾讯是中国著名的互联网公司，开展的业务涉及互联网的各个领域。据相关资料统计，公司员工将近3万人，员工普遍是30岁以下的年轻人。所以，腾讯设立了专门培训员工的场所——腾讯学院，为公司的发展培养和输送人才。

下面就以腾讯学院的培训策略为例，为大家介绍一下企业内训策划需要做哪些方面的工作。其内容如图9-5所示。

1. 提供合适的培训内容

不同的公司有不同的员工，他们需要的培训内容也大不相同，无论课程形式还是培训内容都是不一样的。所以，在策划时，要根据企业和员工的实际情况来定制

图9-5　企业内训策划工作

课程的内容，尽量少买通用的课程，增强课程的针对性，获取最佳的培训效果。

2. 抓住行业的热点话题

在内容建设上，比较受欢迎的都是内部的一些经验分享和大家关心的热点。这就要求策划人员要有很敏锐的眼光去不断跟进公司业务，然后去抓这些热点。

比如，互联网行业有一个新的产品出来，受到了消费者的热捧，那么策划人员就要迅速地去了解这个团队是怎么做好这个产品的，将他们的成功经验总结出来，为参与培训的人员做社会热点内容的讲解，这些内容更容易受到学员的欢迎。

3. 培训形式要通俗易懂

腾讯学院常务副院长马永武曾经说过，做培训时不能过分强调培训的专业性，虽然培训需要专业，但有时讨论的内容太专业了，就会让参与培训的学员摸不到头脑，降低培训的效果。举例来讲，如果培训脱离了培训对象的业务，脱离了他们的感受，没有针对性地解决培训人员的问题，那么培训就不是

成功的。所以，在策划企业内训时，要强调以解决问题为导向，培训的形式要尽可能的通俗易懂，让培训人员最大限度地理解和掌握培训的最终意义。

4. 重视体系、项目的建立

腾讯学院将培训分为两大部分，即培训体系和培训项目。所谓体系就是建立起一个完整的针对不同层级的培养体系，让不同环节、不同层级的人都有培训的内容。所谓项目就是针对一些核心人员，要有一些重点发展项目，叫"加速培养计划"。现在腾讯学院对培训的体系和项目的建立十分重视。

所以，大家在做企业内训的策划时，也要把握好这两个方面，对于新员工，对于不同通道、不同层级的职业人员，要设计不同的培训内容，例如内化的面授课程，在线学习的课程，等等。达到在原有基础之上能够更好地配合公司的战略发展，能够更有前瞻性，通过企业大学的建设来做好未来人才的培养工作。

5. 挑选合适的培训团队

培训团队的挑选在策划企业内训时也十分重要，优秀的培训团队能够最大程度上将企业的文化和管理制度在培训中传授给学员，能够让学员有所收获。所以在挑选培训团队时，需要选择在管理上有经验并且培训专业性强的团队。除此之外，还需要他们喜欢学习和分享，拥有开阔的商业视野并且与公司的业务紧密相联系，这样才能使培训的效果最大化。

6. 从长远看企业培训的效果

公司在做企业内训时，不能只看到培训的短期效益而忽略企业的长期发展。一般的企业通常会拿钱去选一些质量不错的课程做一些最基础的工作，如果能结合业务发展，买到很适用的课程，就感觉自己做得很好了，但是如果从公司的长远发展来看，仅仅做这些还远远不够。

腾讯学院将培训作为关系企业发展的重要工作来做，将公司发展过程中的一些成功的经验、失败的教训记录下来，分析其中的利害关系，将其转化成课程和案例，让参与培训的学员们在其中收获更多的工作经验。

所以，在策划企业内训时要追求更高层次的要求，将企业内训作为关系企业未来发展和进步的关键要素之一，从大局观、从长远上规划企业内训的内容。

7. 创新企业培训的模式

在腾讯学院的培训中，"腾讯达人"项目和"名家之声"的活动是自身新创的培训模式代表，其中"腾讯达人"项目是新员工采访老员工的这样一种创新模式，解决了如何让企业文化更具有感染力、更感性的问题。

"名家之声"的活动，是策划人员根据员工的需求做的一个活动。和以上课为主要形式的传统培训不同，这项活动不定期地请一些各行各业的名家做讲座。讲座的内容主要是社会上与互联网行业相关的最新热点，受到了员工的欢迎。培训模式并不是一成不变的，在恰当的时候，创新企业内训的模式和方法会更加受到学员的欢迎，获得更好的培训效果。

以上就是从腾讯学院培训策略中总结出来的精华，大家在策划企业内训时可以参考上面的几点，最后大家还需要注意，要结合自身公司的实际情况，灵活运用这些策略。

9.3 直播项目超级培训策划

2016年8月，直播节目《梦想加油站》邀请到了梅花天使创投基金创始人吴世春、IDG资本合伙人闫怡勝、戈壁创投合伙人徐晨等资深投资人做客直播间，在创投界刮起了一股"网红"热潮。

除了名人大佬的直播外，各种直播已经渐渐融入人们的生活当中，看直播不仅仅是一种时尚，更成为一种获取信息、娱乐的新途径。全民直播时代已经到来，直播项目超级培训策划也应运而生，本节就带大家学习直播项目超级培训策划的相关知识。

9.3.1 人⟷内容到人⟷人

2016年4月23日，中国绿公司年会在山东济南举行。这场世界级商界精英交流会聚集了来自中国、英国、法国、意大利、日本等11个国家的1200余名商界精英。

小米公司创始人雷军通过"小米直播"为广大用户现场直播了这场让人无比期待的年会。根据小米提供的官方数据，在直播的两个小时内，该场由雷军个人发起的直播吸引了8万余名用户观看，同时也让"小米直播"开始走进公众的视野。

关注度较高的名人直播是直播中比较常见的一种形式，除此之外，还有一些草根明星和普通人的直播、会议直播、活动直播，等等，都受到人们的普遍关注。

除此之外，直播还被广泛应用于周年庆典、新闻发布会、开幕式、文娱演出、竞技比赛、教育培训、展览展示、商业贸易、公关活动、研讨会、开学开业典礼、校友聚会等活动中。

直播如此受欢迎，那么到底什么是直播呢？其实，直播就是依托宽带网络资源，利用一系列技术手段，将拍摄、录制的音视频信号进行处理，在互联网上实时播放出去的节目。它的发展经过了由人到内容的传播再到人与人之间的交流的过程。

起初，直播的发展以人到内容的传播为主。主要是通过人将录制的内容传播出去的过程，主要强调的是视频的实时传递。其实，早在很久之前，电视节目已经有了直播的形式，但是只是小范围的使用。到了2015年，直播的范围扩大，随着科学技术的发展和移动端的崛起，个人有了直播的条件，微博直播、短视频直播逐渐进入人们的视野，成功掀起了一场直播的浪潮。人人可做直播主持人，实时转播自己周边发生的事情，大大增加了信息传递的时效性。

直播因其时效性强获得人们的普遍关注，成为人人可传播内容的有效工具。后来，随着直播技术的改进和人们对直播的需求变化，直播的形式逐渐发展成人与人之间的传播过程，更加注重直播过程中的互动性。

增加了人与人之间互动过程的直播更加受到人们的欢迎，它采用双向互动的在线交流形式，受众在网上通过文字提交问题，现场主持人和嘉宾通过视频画面解答，实现文字、语音、视频同步传输。同时技术的发展还可以实现将直播的内容同期随录下来的效果。因此，用户不仅可以在网上像看电视一样收看到实时的视频直播节目，还可以随时点播那些已播出的精彩视频片段，随时再现现场盛况，真正享受个性化、周到的视频服务。

直播既保持了传统广播电视灵活生动的表现形式，又具有互联网按需获取的交互特性，同时因其快速、开放、共享、自由、可存储的特性将沟通和应用变得更加方便。

从上面介绍的直播转变过程，大家可以看出直播的侧重点，在策划直播项目超级培训时，要特别注意到这一点，将直播的培训从开始到转变再到现在的形式发展都要进行全面系统的培训，这样才能让参加培训的学员掌握直播的发展情况。

9.3.2　将网红个人影响力IP化

2015年7月27日下午3点，淘宝店"吾欢喜的衣橱"的店主张大奕完成了新一轮的新品上架，结果，第一批5000多件商品在两秒钟内就被顾客"秒光"，所有新品在三天内基本售罄。也就是说，短短三天，这个女孩便完成了普通线下实体店一年的销售量。

为何张大奕的店铺会如此受欢迎呢？原因就在于她是网络红人。早年间，张大奕以模特身份出道，还曾拍摄过《瑞丽》《米娜》《昕薇》等时尚杂志的内页服装搭配。2014年5月，张大奕开了自己的淘宝店"吾欢喜的衣橱"，上线不足一年就冲到四皇冠，而且，每当店铺上新，当天的成交额一定是全淘宝女装类目的第一名。目前张大奕在微博上拥有将近两百万粉丝，几乎每一条微博的评论都有近千条。超高人气带动店铺的产品销量，让她的淘宝店赚得盆满钵满。

淘宝店主张大奕的案例就是本节内容所要讲的网红个人影响力IP化的典型案例，下面就为大家具体讲解一下网红个人影响力IP化的相关内容。这是直播领域的发展趋势,掌握了这些,才能正确把握直播项目超级培训策划的方向。

提到IP,大家可能首先想到的是电脑IP地址。没错,起初的IP确实是为计算机而设计的,是用来确定计算机身份的。然而随着科技的不断发展,国内不断出现火爆的IP影视、IP手游,国内对于IP的认识逐渐成熟,IP已成为一种国内新兴的经济模式,IP经济俨然成了一个重要的经济载体。

IP经济也称粉丝经济,其核心是通过粉丝来进行商业变现。IP流程一般是先从火热文学作品当中挖掘出具有巨大粉丝量的IP,然后通过对文学作品进行改编,进入到影视游戏等领域范畴,然后粉丝购买继而获利。

在直播领域,将网红个人影响力IP化就是提高直播中的网络红人的辨识度,在各个领域扩大他们的影响力,那么如何实现网红个人影响力IP化呢?这就需要策划人员去学习和思考了,下面就为大家介绍几种将网红个人影响力IP化的方法,为大家提供参考。如图9-6所示。

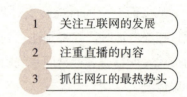

图9-6 将网红个人影响力IP化的方法

1. 关注互联网的发展

直播的火爆要归功于互联网的发展,尤其是近年来移动互联网的高速发展,更是实现了内容生产者和粉丝之间实时互动的不间断、无边界的目标。在互联网这个纽带的连接下,文化产品之间联系更为紧密,逐渐向融合的趋势发展。音乐、舞蹈、游戏、动漫、文学、戏剧、影视不再彼此孤立发展。而这些文化产品的融合又为协同打造同一个明星IP提供了条件。所以,在策划直播项目的培训时,需要将直播发展的硬件设施单独列出来,重点关注互联网的发展,为培训人员做详细的讲解。

2. 注重直播的内容

从总体上来看,IP属于文化产业,因此其核心是内容。在将网红个人影响力IP化的过程中,要注意网红在传播时的内容挑选,只有质量足够好的直播内容才是支撑网红成长的重要因素。因此,沉淀下来,回归内容,才能让网红保持足够高的关注度,为网红个人影响力的IP化奠定基础。

3. 抓住网红的最热势头

2013年湖南卫视的一档户外亲子真人秀节目——《爸爸去哪儿》一经播出迅速引起强烈反响，好评如潮，创下当季度收视冠军的纪录。湖南卫视趁着这股余热尚存，随即推出了《爸爸去哪儿》大电影、《爸爸去哪儿》小游戏等衍生品。结果，《爸爸去哪儿》大电影票房累计达7亿元人民币，位列华语票房第八位，连续创下了2D电影周末票房、首周末观影人次、单日最高回报率等多达十余项的新纪录。

这就是利用当下人们最关注的话题进行产品的IP化，抓住热点，开发相关系列的产品，最终获得喜人的业绩。同理，在将网红个人影响力IP化时，如果能抓住网红的最热势头，在人们的注意力最集中的时候，将衍生的相关产品推出去，就能获得良好的效果，策划人员在策划时可以使用这一方法。

9.3.3　电竞粉丝经济有待挖掘

伍声，中国第一个DOTA职业世界冠军、知名电竞主播、淘宝商人。伍声在游戏圈中大名鼎鼎，在经商方面也有着精明的头脑。他利用自己的名气在电竞圈和淘宝赚钱，赚得盆满钵满，让人羡慕不已。

他从电竞界退役后便开始做视频解说，转型为电竞主播，创建第三方电商服务平台。从2010年底在优酷上发布第一个解说视频到2016年上半年，"伍声2009"自频道的总播放量已经超过5亿次，拥有了近百万粉丝。但是他并没有满足于自己取得的成绩，而是巧妙地把视频前的几十秒宝贵的广告时间留给自己的淘宝店，将解说视频的流量转化成淘宝店的月销量，利用这一方式将自己的粉丝成功转到自己的淘宝店铺，获得了巨大的成功。

2010年之前，他的淘宝店中一家的营业额超过5000元都不容易，但是仅仅在2015年"双十一"那一天，他的一家淘宝店的营业额就超过了200万元。现在，以"大酒神"为品牌的四家淘宝店一年的流水都已经超过了千万元。

"伍声2009店里的零食，我都买最贵的套装，买回来丢垃圾桶，签名照留下，只为了给伍声2009刷淘宝皇冠。"这是其中一位买家的留言，粉丝因为喜欢伍声，通过购买他的淘宝店铺中的商品的方式来支持他。

上面的案例说明了电竞粉丝背后隐藏着巨大的经济利润。电竞行业的玩家众多，其受众数量和规模都十分可观，如果在策划相关的直播项目的培训中能够挖掘出电竞粉丝经济，那么这个策划就是相当成功的。那么，为何要在策划中挖掘电竞粉丝经济呢？下面为大家介绍一下其中的原因。

一方面，电竞行业市场的广阔催生了电竞粉丝经济的崛起。据相关数据显示，2014年中国游戏直播用户规模增长了154.3%，市场规模达到3000万元。而游戏直播的主要内容，恰恰是各种电子竞技比赛。同时，另有数据显示，当年度中国电子竞技整体市场规模达到226.3亿元。

截至2016年6月，网络直播用户规模已经达到3.25亿人，占网民总体的45.8%。数据显示，2016年游戏直播用户增长率为97.8%，直播用户规模达1亿人，预计在2018年将达到1.8亿人。

这些数字都表明电竞行业的市场十分广阔，用户量和规模都十分巨大，如果能够像主播伍声一样拥有大批粉丝，那么电竞直播所带来的粉丝经济是相当可观的。所以，在策划时，挖掘电竞粉丝经济十分有必要。

另一方面，超级IP的发展制造了粉丝的狂欢。2015年6月，《英雄联盟》开始与周杰伦合作。《英雄联盟》先发布了明星召唤师预告站，引起了人们的纷纷猜测。6月20日，《英雄联盟》终于公布了明星召唤师的真实身份——亚洲音乐天王周杰伦，消息一出，瞬间引起了游戏圈和娱乐圈的大量关注，各大媒体也同时进行转发报道。

2015年9月5日，在《英雄联盟》四周年现场，"国民老公"王思聪与"小公举"周杰伦的同台PK同样引爆了整个游戏圈，这场PK也被粉丝称为"世纪对决"。在前期严格保密，没有任何预热的情况下，当天中午出现的"周杰伦PK王思聪"话题直接飙升至新浪微博游戏话题榜第1位，总榜第14位，获得了超高的人气和关注度。

在新浪微博中，#英雄联盟#成为总榜第一，热点搜索中，前七名里"周杰伦 王思聪""王思聪 林更新""周杰伦小苍""white"等与比赛有关的话题占据了四个，这些关注度直接带动了大众对《英雄联盟》整体的关注度，电竞粉丝经济的巨大潜力同样得到了印证。

总而言之，在直播项目的培训策划中，要对电竞粉丝经济加以重视，让直播活动的开展更加顺利和成功。

9.4 自媒体运营培训策划

还记得2016年7月8日，新世相的那篇《我买好了30张机票在机场等你：4小时后逃离北上广》刷爆了朋友圈的文章吗？仅仅3个小时，微信阅读量破百万，微博点击过千万，涨粉10万……这一连串惊人的数字，无不在证明着这个公号的号召力，同时也证明了自媒体平台的实力。

自媒体又称"公民媒体"或"个人媒体"，是指区别于官方媒体的私人化、平民化、自主化的传播者。如博客、微博、微信、百度官方贴吧、论坛/BBS等网络社区都可以算作自媒体平台。

在培训活动中，随着自媒体的发展和兴起，自媒体运营培训也越来越受到人们的普遍关注。策划一场这样的培训活动，需要做好哪些准备工作、注意哪些问题呢？本节就为大家介绍一下。

9.4.1 一大中心：精品内容

精品内容是自媒体运营的中心，在策划培训活动时，首先要打造精品的自媒体运营内容。

如何在策划自媒体运营培训中打造精品内容呢？下面就以自媒体运营天才小熊猫为例，为大家讲解一下如何打造精品的自媒体运营内容。

天才小熊猫，真名张建伟，他是自媒体微博中极具影响力的人物。在2015年中国网红排行榜中排名第三名，其影响力仅稍次于"国民老公"王思聪和网红papi酱。他写的软文十分受网友的喜欢，堪称自媒体中软文推广的典范。

在2015年1月，天才小熊猫发布题为"没事儿就不要自己做手机壳了"的微博，以独特的视角，与众不同的营销推广手段为华为手机做了产品推广。此条微博有超过26万的转发量，评论也接近13万条。可以从这些数据中看出，自媒体大咖天才小熊猫的内容推广模式十分成功，这与产品运营内容的精彩是分不开的。

在他的推广软文中，将产品作为道具参与到故事当中，消除了人们对于广告的厌恶，同时也提高了产品的曝光率。另外，软文写作情景感十足，去朋友家做客、扔垃圾、买手机壳、上班,这些场景在每个人的生活中都会遇到,正是这些人人都熟悉的场景使天才小熊猫的软文让人感到很亲切,更贴近读者的生活。由于人们天生对与自己相关度较高的事物或信息感兴趣,因此,能够将人们生活中的场景带入文章,大大拉近了读者与作者的距离,收获了大量的关注。

除了以上两点优势外,天才小熊猫的软文幽默感强烈,为文章的传播增加了优势。天才小熊猫的写作风格诙谐幽默,对他而言,软文写作就像是在创作段子,而他自己则充当段子手,乐在其中。

另外,它的文章让读者猜得到开头却猜不到结尾,给人的感觉就是在看他一个一个地抖包袱,幽默感十足。装得了深沉、卖得了萌、开得了脑洞、写得了段子,天才小熊猫凭借自己的才华将自媒体运营的内容打造成精品,获得了千万粉丝的喜爱和青睐。

除了天才小熊猫凭借精品内容成为自媒体佼佼者之外,90后漫画家陈安妮也是凭借精品内容获得青睐的自媒体运营高手。

她的那条"对不起,我只过1%的生活"的微博,引爆了网络。

在短短一天时间内,该微博的阅读量超过了6000万次。她同时推出了自己开发的"快看漫画"APP,超过30万的用户下载了她的APP,拿到了APP Store里免费榜排名的榜首。

以上两个案例充分说明了精品内容的重要性,有了精品内容作为支撑,产品的运营和推广都会事半功倍。所以,在策划自媒体运营培训时,首先要明白自媒体运营的关键就是精品内容,只有打造精品自媒体内容,才能够将自媒体运营得当,才能将培训的策划完成得又好又快,成为优秀的活动策划。

9.4.2 两大渠道:微博+微信

根据"企鹅智酷"发布的2016版《微信数据化报告》显示,截至2016年,微信用户已经突破7亿人,超过90%的用户每天都会使用微信,50%的用户每天使用微信的时间会超过一小时,61.4%的用户每次打开微信都会查看朋友圈,微信在现代人的生活中占据了重要位置。

2015年6月16日,罗辑思维这个微信小书店开始售卖图书,5小时内,8000套书全部售完,就一个微店,凌空一响,轰然开卖。从开始的三五本书,到如今独家在售将近60种图书。一年的图书销售额超过了1亿元人民币,靠的就是罗振宇的微信营销推广。

2016年8月,微博上#王宝强与妻子离婚事件#引起了社会各界的广泛关注。8月14日凌晨,王宝强通过微博爆料妻子出轨,仅一天时间,与"王宝强"相关的头条文章达到了一万余篇,其中106篇文章的阅读量突破100万次,各类文章的总阅读量达到了7亿次。

以上两个案例说明了微博、微信在传播过程中的重要作用,使用微信公众号、微博等分享式的产品推广,达到裂变式增长是完全可以实现的。掌握了这两大渠道,就能人大扩大自媒体运营推广效果,所以在策划此类活动培训时,要将微信和微博这两大渠道的运营和推广方式详细地介绍清楚,以便于参加自媒体运营培训的学员更容易理解和掌握。

那么在自媒体运营培训中,如何合理利用微博、微信这两大渠道呢?下面就为大家讲解一下,如图9-7所示。

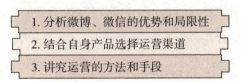

图9-7 利用微博、微信渠道时需要注意的方面

1. 分析微博、微信的优势和局限性

在自媒体运营培训中,分析微博、微信的优势和局限性十分重要,不同的产品和内容有不同的运营渠道,有时两种运营渠道也都适用。但是,如果选择好了最佳的运营渠道,就必须将有限的精力放到合适的运营渠道上去,实现效率的最大值优化。

就反馈功能的有效性来说,微博的反馈不如微信的反馈及时,因为微博对于大多数受众来说是一个获取信息的平台。促进微博用户评论并转发微博的首要因素是利己因素,也就是满足自身好奇心和社交需要,所以,一般的微博获得的反馈是不多的。

而微信则恰恰相反,微信可以快速形成一对一的交流圈。朋友圈可以说是人们交流信息十分频繁的地方,获得的反馈也十分快速和及时。

所以，在策划自媒体运营活动中，要将微博、微信这两大渠道的优势和劣势讲解清楚，以便学员对渠道有细致、全面的了解。

2. 结合自身产品选择运营渠道

不同的产品应选择不同的渠道模式，处于不同阶段的产品也应选择不同的渠道模式。例如快速消费品和工业品，在选择渠道模式的时候，由于产品特性的不同，所选择的渠道模式往往会完全不同。

其中，产品特性不仅仅包括产品自身的性质，同时包括了消费者购买产品的动机、频率、时间、地点、决策等因素，还包括了产品的销售特性，如季节性等一系列与产品相关的内容。因此，即使同一个行业中的产品，也会因为产品特性的不同而采取不同的渠道模式。

在自媒体运营中，选择运营渠道时同样也遵循结合自身产品特性的原则，只有将运营的产品特性了解分析透彻才能将运营做得又快又好。所以，在策划活动时，也应该将自媒体运营的产品分析和渠道分析结合起来，便于学员结合实际进行操作。

3. 讲究运营的方法和手段

微博、微信是自媒体运营的两大渠道，在培训时，这一点必须要进行讲解。但是作为运营渠道，它们是如何参与运营的以及运营的方法有哪些，在培训中也要做详细的讲解。如果只是介绍和讲解了微博、微信的优势和操作方法，没有涉及自媒体运营的方法和手段，那么这样的培训活动课程的设置是失败的。

举例来讲，滴滴打车如果没有使用借势营销的手段，没有精心选择运营渠道，那么它的传播渠道的作用还是无法达到预期的宣传效果；如果新世相没有使用软文推广的方式，也不会有如今的知名度。所以，在策划自媒体的运营培训中，要坚持对运营方法和手段的研究和分析，掌握运营的方法，完成微信、微博运营渠道的成功推广。